LE BERGER BELGE

François Kiesgen de Richter

LE BERGER BELGE

ÉDITION 2 017

COLLECTION LES CHIENS DE RACE

LE GUIDE ILLUSTRE

Tome III

1 - MISE EN GARDE

Sachez qu'en faisant l'acquisition d'un chiot, vous en encouragez le mode d'élevage. Un chiot doit naître et grandir dans le respect de ses besoins physiologiques et psychologiques, qui ne sont ni l'exiguïté ni le minimum vital en guise de soins. Les parents du chiot doivent avoir été testés pour les maladies pour lesquelles ils sont prédisposés. Un chiot doit avoir des parents inscrits au LOF, car les accouplements par hasard d'une rencontre ne garantiront jamais les spécificités d'une race. Les éleveurs agréés par le club français du chien de berger belge garantissent la continuité de la race, ce sont leurs préoccupations essentielles. Votre choix n'est pas anodin.

Plusieurs approches existent pour éduquer votre chien, la traditionnelle repose en partie sur le principe de la punition pour faire comprendre au chien à quel moment il se comporte mal. Elle semble avoir des résultats rapides mais son fondement lui-même est contesté car elle produit de mauvais conditionnements. Le chien n'a pas à juger la situation ni à analyser le danger mais il doit réagir comme un automate. Dans ce guide nous vous proposons une méthode qui utilise le renforcement positif, et qui donc va tirer parti de toute l'intelligence du chien, elle est souvent nommée « méthode moderne » ou « méthode douce » ou « méthode positive ».

2 - PRÉSENTATION DU BERGER BELGE

Si vous possédez un chien de berger belge, si vous en avez connu, si vous vous renseignez pour en acquérir un, vous aurez remarqué ou entendu vanter ses qualités : sa beauté, son regard vif et attentif, sa docilité et son potentiel dans toutes les activités canines. Le berger belge a pour son maître une grande affection, un dévouement total, et sait faire preuve de beaucoup d'abnégation. Que votre berger belge soit noir à poils longs comme le Groenendael, fauve charbonné à poils longs comme le Tervuren, fauve à poils courts comme le malinois, fauve à poils durs comme le laekenois, la race du chien de berger belge exprime à merveille deux qualités dont celle de défenseur du maître et de la propriété et celle de chien de famille. Le chien de berger belge est toujours à l'écoute, son expression est douce, sa capacité de réaction sera fulgurante si besoin mais toujours contrôlée, il est l'ami être des enfants, il est un chien de concours de beauté exceptionnel par l'harmonie de sa ligne et le port altier de sa tête qui sont typiques d'une noble et élégante vigueur. Mais n'oubliez jamais que c'est un grand sportif. Le berger belge est un chien qui a besoin de se dépenser. Chien de famille il est d'accord, mais il a ses besoins spécifiques : « mon maître il faut que je bouge ». Naturellement obéissant, le berger belge sera toujours à l'écoute de son maître, et ses aptitudes à l'éducation sont particulièrement bonnes. Il vous faudra néanmoins vous investir dans son éducation très tôt.

Il est important de connaître l'origine du chien pour comprendre son comportement, et c'est encore plus vrai pur le berger belge.

Le chien est avant tout un animal avec des comportements issus de son parcours génétique, il a des besoins spécifiques, en tenir compte vous permettra de mieux appréhender son éducation. La domestication du chien est intervenue longtemps avant celle de toutes les autres espèces domestiques actuelles. Elle précède de plusieurs dizaines de milliers d'années la sédentarisation et l'apparition des premières fermes agricoles.

Les chiens sont issus du Loup gris (Canis lupus) domestiqué à plusieurs endroits du monde.

L'identité exacte de l'ancêtre du chien a longtemps été un mystère. Des scientifiques subodoraient que les chiens provenaient d'un croisement entre des loups et des chacals.

Les progrès récents ont finalement permis d'établir que le chien est plus proche génétiquement des sous-espèces actuelles de Canis lupus (Loup gris) avec lequel il partage 99,9 % de son ADN.

En 1997, une comparaison de génome sur 300 échantillons appartenant à la lignée des chiens domestiques actuels et à la lignée des Loups gris a montré, que ces lignées s'étaient séparées il y a 35 000 ans.

La découverte d'une lignée de loup aujourd'hui éteinte : le loup Taïmyra est à l'origine de la divergence entre le loup et le chien. Il y a 27 000 ans la séparation devint totale.

La relation entre humains et canidés sauvages est très ancienne. Des restes de loups ont été retrouvés en association avec ceux d'hommes il y a 400 000 ans.

Les chasseurs-cueilleurs et les loups avaient plusieurs points communs : ils appartenaient à des espèces sociables, ils partageaient le même habitat et ils se nourrissaient des mêmes proies.

Des études ont montré que les louveteaux capturés tout jeunes et élevés par des hommes s'apprivoisaient et se socialisaient facilement, d'autant plus qu'ils dépendaient de leurs maîtres pour leur alimentation.

Cela n'explique toutefois pas leur domestication, puisque ces louveteaux demeuraient des loups. Pour cela l'homme fit s'accoupler des loups domestiqués et commença à en faire l'élevage.

Ainsi naquit le Canis Lupus Familiaris, autrement dit le nom scientifique du chien. Et ce quelle que soit sa race.

En sélectionnant les chiens et en les croisant en fonction de leurs aptitudes et de leurs physiques : le plus petit avec le plus petit, celui court sur pattes avec son semblable, le museau le plus plat avec un autre museau plus plat, le plus rapide avec le plus rapide, le plus agile avec le plus agile, les poils longs avec les poils longs, puis en associant les qualités des uns avec les qualités des autres.

Il est extrêmement important de savoir que tous les ascendants de nos amis chiens ont commencé leur existence par une évolution commune même si ce fut en combinant des caractéristiques précises.

Par ailleurs, des groupes de chiens errants ont constitué des populations canines plus ou moins indépendantes de l'homme et distinctes des chiens domestiques. Ils sont toujours restés semi-sauvages. Attention par exemple en Inde ou ils pullulent. Ils ne peuvent pas retourner à la vie sauvage et ils ont donc une vie à part et représentent un danger.

Pourquoi est-ce important de comprendre le parcours génétique du chien ? Le loup et le chien ont des comportements de base et des besoins identiques.

En connaissant l'étiologie vous pourrez affiner votre méthode d'éducation canine. La connaissance des besoins et des instincts est primordiale pour comprendre votre chien.

3 - LE GROENENDAEL

Le Groenendael est le plus polyvalent des chiens de berger belge. Par sa ligne harmonieuse et son pelage long, touffu et noir, c'est un des meilleurs chiens à prendre pour compagnon. Son intelligence est très vive et surprenante. Les professionnels l'utilisent comme chien d'utilisation : auxiliaire de la police, auxiliaire de sécurité, auxiliaire des armées (estafette, porteur d'ordre, et de blessés), chien d'avalanche, chien de garde, chien de défense, chien visiteur et comme chien guide pour les aveugles. Très courageux et extrêmement mobile, c'est un chien parfaitement apte à la défense personnelle. Il est toujours prêt à défendre son maître très énergiquement, ce qui impose une éducation si possible assez poussée comme l'éducation à la garde, mais il sait être en même temps un ami fidèle et un admirable compagnon de jeu, sport canin et de travail. Toujours aux aguets, attentif, infatigable, au caractère équilibré, très sensible, il s'attache énormément à son maître et à sa famille. Le regard toujours prêt à saisir la volonté de son maître, l'obéissance toujours immédiate sont les plus grandes qualités du Groenendael.
Monsieur Nicolas Rose, propriétaire du château de Groenendael, dans la forêt de Soignes, au sud de Bruxelles, et qui possédait une femelle, nommé Petite, entièrement noire avec une tache blanche au milieu de la poitrine et le bout des pattes également blanc fut le premier élevage de Groenendael. La femelle Petite fut

accouplée à Picard d'Uccle qui appartenait à l'élevage Feluy-Arquennes. Dans la première portée de Petite, on sélectionna un mâle à qui l'élevage donna le nom de Duc de Groenendael.

Avant de choisir un Groenendael, le futur maître doit savoir que c'est un chien qui a du caractère, qui exige des sorties régulières au court desquelles il peut galoper et si possible en liberté, ce qui suppose une éducation poussée au rappel. Surtout le Groenendael à une personnalité qui exige un maître équilibré, clair dans ses ordres, affectueux et qui aime jouer. Le Groenendael a une sensibilité très développée, il a besoin d'un environnement calme, de points de repère fiables et d'une éducation souple mais ferme. Son plus grand défaut est que sans une parfaite socialisation il n'est pas l'ami de ses congénères. Au niveau de ses qualités familiales, il sait rester seul après une éducation progressive, il ne détruit pas, il aime voyager, il a une capacité à parfaitement s'adapter, il n'aboie pas à tort et à travers mais il prévient très bien. En famille c'est un chien qui devient collant, qui cherche à ce que l'on s'occupe de lui, notamment les femelles.

4 - LE TERVUEREN

Tervuren est une ville située à proximité et au sud de Bruxelles. Ce qui est le plus méconnu est le fait que Duc de Grœnendael n'est pas seulement le chef de la lignée des groenendaels, mais aussi de celle des Tervuerens. Beaucoup de juges ignorent, encore la véritable descendance du Tervuren. J'ai appris cette information lors d'un concours ou j'ai présenté Loomis de Condivicnum mon mâle Groenendael, et ce par une juge Belge très compétente. J'ai vérifié cette information et mon enquête m'a appris que Messieurs Raoul Willoc du Royal Berger Club et Monsieur Verbank du Royal Groenendael club, ont confirmé cette descendance. Le plus difficile à obtenir chez le Tervuren est la couleur de sa robe qui doit être d'un fauve flambé, avec une gradation charbonnée ; de même que son museau doit être masqué. Pour obtenir le renforcement de la couleur acajou, qui est le signe distinctif des Tervuerens de grande qualité, la société royale Saint-Hubert a accepté l'accouplement entre poils longs noirs et polis court de couleur fauve. Seuls les juges éclairés et compétents qui se sont donné la peine d'étudier la race connaissent cette descendance. Les élevages de Monsieur Rose et celui de Monsieur Danhieux sont à l'origine du Tervuren. En effet la première portée de Tervuren provient de l'accouplement de Duc de Groenendael et de Miss une chienne de couleur fauve à poil court de l'élevage

Danhieux. De cette portée fut retenu un mâle au pelage de couleur fauve à poils longs que l'on nomma Milsart. Aujourd'hui nous pouvons affirmer que Milsart à une descendance de Miss (poils courts couleur fauve) et de Duc de Groenendael (poils longs noirs). Duc de Groenendael descend de Petite (poils longs noirs) et de Picard d'Uccle (poils longs noirs) et Miss descend de Tom (poils courts couleur fauve) et de Poes (poils courts couleur fauve).

5 - LE MALINOIS

La variété de berger belge de couleur fauve à poils cours, a longtemps été appelée chien de berger belge de Malines. Il s'agit de la région nord occidentale de la Belgique, que l'on nomme le Brabant. Le nom exact de la ville est Mechelen en flamand, elle est située près d'Anvers. L'élevage « Ter Heide » est le berceau du malinois, d'après toutes les recherches que j'ai pu effectuer.

C'est un chien qui a la taille moyenne d'un loup, qui a le poil raz, et la robe fauve bringée. Son utilité dans les exploitations agricoles était surtout la garde des fermes entre des troupeaux. C'est un chien intelligent, doué d'un instinct prononcé avec beaucoup de tempérament, aussi dès qu'il sera chez vous, il faudra fixer les règles et lui donner une éducation très pointue. L'idéal est de l'inscrire à l'école du chiot dans un club canin de votre région dès trois mois. Aujourd'hui propriétaire d'un couple de groenendaels j'ai auparavant possédé un malinois à titre privé, et j'ai travaillé en opérations avec des malinois lorsque j'étais dans l'armée.

Le malinois s'imposa en Belgique sur les autres variétés qui étaient à poils longs : la variété à poil court présentant beaucoup d'avantages, et encore aujourd'hui en utilisation. Aujourd'hui les qualités de beauté sont importantes et le poil long se retrouve plus facilement en famille et le poil court en utilisation. Le malinois est un chien de travail aux qualités exceptionnelles. Mais il est inexact de prétendre au grand public qu'il existe des lignées de travail et des lignées de famille. Les chiens de travail sont issus d'une sélection draconienne sur tests individuels. Dans le milieu militaire la sélection est prioritaire et le LOF même s'il garantit la conformité à la race, n'est pas suffisant. La génétique est ainsi faite que si l'on croise des lignées de chiens sélectionnés entre elles, cela ne donnera pas forcément un chien de travail. Par contre cela garantira des caractéristiques de la race. Il est donc totalement indécent de faire payer un prix fort en faisant croire que l'on vend un chien de travail alors que cette seule dénomination ne sera validée qu'en fonction des résultats du chien aux tests de sélection. Il est plus aisé pour un chien à poil coup d'effectuer certaines tâches professionnelles. Néanmoins, par rapport au Groenendael et au Tervuren, l'acquisition par un malinois des capacités de défense et de garde sera plus rapide, car à l'origine son utilité était la garde des troupeaux et des fermes et la sélection des sujets avec une bonne agressivité a commencé t

6 - LE LAEKENOIS

Il s'agit de la variété la moins connue. Elle est identique par sa conformation au standard de race. Son aspect varie beaucoup à cause de son poil long, sec, ébouriffé, de longueur à peu près égale sur tout le corps, de 6 cm environ. Son nom vient du château de Laekenois, résidence d'été de la famille royale belge. Les Laekenois surveillaient les nombreux troupeaux dans les pâturages royaux du château. Le Laekenois a des qualités physiques et psychiques qui sont excellentes. L'origine du Laekenois remonte à un berger nommé Jensen. Il est l'une des branches du berger Pikhaar, un bouvier présent en Picardie et dans le nord des Pays-Bas. Les races qui en sont issues sont le berger picard pour le nord de la France, le bouvier des Flandres, le moermann et le berger hollandais à poil dur. Le grand public a rarement le coup de foudre pour cette variété de berger belge, qui est la plus proche du malinois.

7 - LE STANDARD DU BERGER BELGE

Le standard est la norme officielle de la race. Il indique la morphologie et le caractère d'un chien de race. L'origine du berger belge est la Belgique et le standard en vigueur et celui du 13 mars 2000. La classification est dans le groupe 1 des chiens de bergers de bouviers « sauf chien de bouviers suisses » et dans la section des chiens de bergers avec épreuve de travail. Le berger belge est un chien médioligne avec une forme équilibrée, et un stop marqué (des yeux on passe son doigt sur le museau on constate alors que les lignes de chanfrein et de front sont égales et parallèles). Le berger belge est harmonieusement proportionné, alliant élégance et puissance, de taille moyenne, de musculature sèche et forte, inscriptible dans un carré, rustique, habitué à la vie en plein air et bâti pour résister aux variations atmosphériques si fréquentes du climat belge. Par l'harmonie de ses formes et le port altier de la tête, le chien de Berger Belge doit donner l'impression de cette élégante robustesse qui est devenue l'apanage des représentants sélectionnés d'une race de travail. Le Berger Belge sera jugé en statique dans ses positions naturelles, sans contact physique avec le présentateur. Le chien de Berger Belge est inscriptible dans un carré. La poitrine est descendue jusqu'au niveau des coudes. La longueur du museau est égale ou légèrement supérieure à la moitié de la longueur de la tête. La tête est portée haut, longue sans exagération, rectiligne, bien ciselée et sèche. Le crâne et le museau sont de longueur sensiblement égale, avec au maximum un très léger avantage pour le museau, ce qui donne une impression de fini parachevé à l'ensemble. La région crânienne est de largeur moyenne, en proportion avec la longueur de la tête, à front plutôt aplati qu'arrondi, au sillon médian peu prononcé et vu de profil, elle est parallèle à la ligne imaginaire prolongeant le chanfrein. La crête occipitale est peu développée. Les arcades sourcilières et zygomatiques ne sont pas proéminentes. Le stop est modéré. Pour la région faciale, la truffe est noire, le museau est de moyenne longueur et bien ciselé sous les yeux qui s'amincissant graduellement vers le nez, qui est en forme de coin allongé. Le chanfrein est droit et parallèle à la ligne supérieure prolongée du front ; gueule bien fendue, ce qui veut dire que lorsque la gueule est ouverte, les commissures des lèvres sont tirées très en arrière, les mâchoires étant bien écartées. Les lèvres sont minces, bien serrées et fortement pigmentées. Les dents sont fortes et blanches, régulièrement et fortement implantées dans des mâchoires bien développées. Articulé « en ciseaux » ; la denture « en pince », qui est préférée des conducteurs de moutons et de bestiaux, est tolérée. La denture est complète, correspondant à la formule dentaire ; l'absence de deux prémolaires n'est pas prise en considération. La queue est bien attachée, forte à la base, de longueur moyenne, atteignant au moins mais Les joues sont sèches et bien plates, quoique musclées. Les yeux sont de grandeur moyenne, ni proéminents, ni enfoncés, légèrement en forme d'amande, obliques, de couleur brunâtre, de préférence foncés. Les paupières sont bordées de noir, le regard est direct, vif, intelligent et interrogateur. Les oreilles sont plutôt petites, haut plantées, d'apparence nettement triangulaire, bien arrondies, et l'extrémité est en pointe droite et verticale.

Le cou est bien dégagé, légèrement allongé, assez redressé, bien musclé, s'élargissant graduellement vers les épaules et exempt de fanon. La nuque est légèrement arquée. Le corps est puissant sans lourdeur ; la longueur depuis la pointe de l'épaule jusqu'à la pointe de la fesse est approximativement égale à la hauteur au garrot. La ligne du dessus, c'est-à-dire la ligne du dos et du rein est droite. Le garrot est accentué. Le dos est ferme, court et bien musclé. Le rein est solide, court, suffisamment large, bien musclé. La croupe est bien musclée et ne s'incline que très légèrement, elle est suffisamment large, mais sans excès. La poitrine est peu large, mais bien descendue. Les côtes sont arquées à leur partie supérieure ; vu de face le poitrail est peu large, sans être étroit. La ligne du dessous commence au-dessous de la poitrine et remonte légèrement, dans une courbe harmonieuse, vers le ventre, qui n'est ni avalé, ni levretté, mais légèrement relevé et modérément développé. Les membres antérieurs présentent une ossature solide, mais pas lourde, la musculature est sèche et forte ; les antérieurs sont d'aplomb vus de tous les côtés et parfaitement parallèles vus de devant. Au niveau des épaules, l'omoplate est longue et oblique, bien attachée, formant avec l'humérus un angle suffisant, mesurant idéalement 110-115°.

Les bras sont longs et suffisamment obliques, le coude est ferme, ni décollé, ni serré. L'avant-bras : est long et droit. Le poignet (carpe) est très ferme et net.

Les doigts sont recourbés et bien serrés. Les coussinets sont épais et élastiques. Les ongles sont foncés et larges. Les membres postérieurs sous une vue d'ensemble, sont puissants, mais sans lourdeur. Les métacarpes sont forts et courts, autant que possible perpendiculaires au sol ou seulement très peu inclinés vers l'avant. Les pieds sont ronds, pieds de chat.

d'aplomb et vus de derrière, parfaitement parallèles. La

cuisse est de longueur moyenne, large et fortement musclée. Le genou : approximativement à l'aplomb de la hanche. L'angle du genou est normal. La jambe est de longueur moyenne, large et musclée. Le jarret est large et musclé, modérément angulé. Les métatarses sont solides et courts. Les ergots ne sont pas désirés. Les pieds, peuvent être légèrement ovales. Les doigts sont recourbés et bien serrés. Les coussinets sont épais et élastiques. Les ongles sont foncés et gros.

À l'allure, le mouvement est vif et dégagé à toutes les allures : le Berger Belge est un bon galopeur, mais les allures habituelles sont le pas et surtout le trot : les membres se meuvent parallèlement au plan médian du corps. À grande vitesse les pieds se rapprochent du plan médian ; au trot, l'amplitude est moyenne, le mouvement est régulier et aisé, avec une bonne poussée des postérieurs, la ligne du dessus demeurant bien tendue, sans que les antérieurs soient levés trop haut. Sans cesse en mouvement, le chien de Berger Belge semble infatigable ; sa démarche est rapide, élastique et vive. Il est capable d'effectuer un changement soudain de direction en pleine vitesse ; par son tempérament exubérant et son désir de garder et de protéger, il a une tendance marquée à se mouvoir en cercles.

La peau est élastique, mais bien tendue sur tout le corps ; le bord des lèvres et des paupières est fortement pigmenté.

Les robes et les variétés distinguent les Bergers Belges, le poil étant de longueur, de direction, d'aspect et de couleur variés. Néanmoins dans toutes les variétés, le poil doit toujours être dense, serré et de bonne texture, formant avec le sous-poil laineux une excellente enveloppe protectrice.

Le Groenendael et le Tervueren sont des poils longs. Le poil est court sur la tête, la face externe des oreilles et le bas des membres, sauf sur le bord postérieur de l'avant-bras qui est garni, du coude au poignet, de poils longs appelés franges. Le poil est long et lisse sur le restant du corps et plus long et abondant autour du cou et sur le poitrail, où il forme collerette et jabot. L'ouverture du conduit auditif est protégée par des poils touffus. Les poils depuis la base de l'oreille sont relevés et encadrent la tête. L'arrière des cuisses est orné d'un poil très long et très abondant, formant la culotte. La queue est garnie d'un poil long et abondant formant panache.

Le Malinois est le poil court. Le poil est très court sur la tête, la face externe des oreilles et le bas des membres. Il est court sur le reste du corps et plus fourni à la queue et autour du cou, où il dessine une collerette qui prend naissance à la base de l'oreille, s'étendant jusqu'à la gorge. En outre, l'arrière des cuisses est frangé de poils plus longs. La queue est épiée, mais ne forme pas panache.

Le Laekenois est le poil dur. Ce qui caractérise surtout le poil dur, est l'état de rudesse et de sécheresse du poil, qui, en outre, est crissant et ébouriffé. Sensiblement de six centimètres sur toutes les parties du corps, le poil est plus court sur le dessus du chanfrein, le front et les membres. Ni les poils du pourtour des yeux, ni ceux garnissant le museau, ne seront assez développés pour masquer la forme de la tête. L'existence de la garniture du museau est cependant obligatoire. La queue ne doit pas former panache.

Le Tervueren et le Malinois ont un masque qui est très bien prononcé et tend à englober les lèvres supérieure et inférieure, la commissure des lèvres et les paupières, en une seule zone noire. Il est défini un strict minimum de six points de pigmentation des phanères : les deux oreilles, les deux paupières supérieures et les deux lèvres supérieure et inférieure, qui doivent être noires.

Chez les Tervuerens et les Malinois, la couleur charbonnée signifie que des poils ont une extrémité noire, ce qui ombre la couleur de base. Ce noir est de toute façon « flammé » et ne peut être présent ni en grandes plaques, ni en vraies rayures (bringé). Chez les Laekenois la couleur charbonnée s'exprime plus discrètement.

La couleur du Groenendael est uniquement noire.

La couleur du Tervueren est uniquement le fauve-charbonné et le gris-charbonné, sous masque noir ; toutefois, la couleur fauve-charbonné reste la préférée. Le fauve doit être chaud, n'être ni clair, ni délavé. Tout chien dont la couleur est autre que fauve-charbonné ou ne répond pas à l'intensité désirée ne peut pas être considéré comme un sujet d'élite.

La couleur du Malinois est uniquement le fauve-charbonné avec masque noir.

La couleur du Laekenois est uniquement le fauve avec traces de couleur charbonnée, principalement au museau et à la queue.

Pour toutes les variétés : un peu de blanc est toléré au poitrail et aux doigts.

La Hauteur au garrot est en moyenne de 62 cm pour les mâles et de 58 cm pour les femelles. Une limite en moins de 2 cm, ou en plus 4 cm est tolérée. Le poids du mâle varie de 25 à 30 kg et celui de la femelle varie de 20 à 25 kg. La longueur du corps (de la pointe de l'épaule à la pointe de la fesse) est 62 cm, la longueur de la tête est de 25 cm. La longueur du museau varie de 12,5 à 13 cm.

Je donne les éléments du standard de 2001 valable à ce jour. J'ai choisi de ne pas donner les points qui portent anomalie à la confirmation, d'une part car un Berger Belge acheté dans un élevage recommandé par la Fédération Française Chiens de Bergers Belges doit être conforme au standard, le CACS et le CACIB partageront en concours et entre eux les plus beaux chiens.

Lors d'un concours le juge vous donne une copie de son jugement sur lequel sa notation est explicitée. Lorsque je présente mes chiens à un concours c'est un plaisir, mes deux Bergers Belges sont magnifiques, mais lorsque je vois les autres chiens je les trouve aussi beaux, parfois nettement plus beaux. Le reste est une affaire de juge. Mon conseil si vous voulez faire du concours s'il faut choisir un élevage recommandé, et de vérifier les cotations des deux reproducteurs, et comme les chats ne font pas des chiens, vous aurez un beau chien, mais peut-être pas le champion de France, quoique… ?

Le Livre des Origines Français regroupe environ 400 races de chiens homologuées par la Fédération Cynologique Internationale.

Le pedigree ou LOF peut être considéré comme le passeport du chien de race pure. On peut remonter jusqu'à 4 générations grâce à ce document. En France, c'est la Société Centrale Canine qui gère et délivre les pedigrees.

Le pedigree remplace le certificat de naissance et s'obtient après avoir présenté votre chien à l'examen de confirmation entre 12 à 15 mois, selon les races., en général à partir de 15 mois, je conseille 18 mois, voir 21 mois.

Lors de l'examen de confirmation au LOF, un juge agréé examine la conformité morphologique de votre chien au standard de sa race et évalue son comportement, puis il vérifie son aptitude à reproduire des chiens de race et à contribuer à l'amélioration de la race. Les mâles doivent avoir deux testicules d'aspect normal complètement descendus dans le scrotum.

Il n'y a pas d'âge maximum. Il n'y a pas de limite. Si vous avez l'impression que votre chien est encore un peu juvénile, laissez passer quelques mois avant de le présenter. Vous éviterez ainsi un ajournement, que le juge peut demander, pour attendre son épanouissement. À noter que les confirmations ouvrent un droit d'inscription que vous devez acquitter.

À la suite de la présentation, et si le chien est confirmé, vous devrez envoyer le carnet LOF à la SCC.

Le LOF vous donne la certitude de trouver un chien dont les qualités et les attributs sont ceux de sa race.

Pour la France vous trouverez le standard de race en vous rendant sur le site du Berger Belge Club de France.

L'attestation de vente est obligatoire pour un chien LOF. Ce contrat, signé par le vendeur et l'acheteur, doit mentionner : la date de vente, l'identité du chien, le prix, l'adresse des vétérinaires choisis par les parties en cas de litige. Elle précise l'inscription provisoire ou définitive du chien au L. O. F.

Votre vendeur ayant inscrit provisoirement votre chien au L. O. F. recevra le certificat de naissance qu'il devra vous transmettre.

La puce électronique est obligatoire pour les chiens LOF. L'immatriculation des carnivores domestiques est exigée en France dans un certain nombre de situations : avant la cession (même gratuitement, et même entre particuliers), pour les chiens de plus de 4 mois et au-delà, pour certifier la vaccination antirabique, pour les passages transfrontaliers etc.

La puce électronique est également précieuse pour retrouver son compagnon en cas de fugue et pour établir qui est le propriétaire de l'animal.

Pour les maîtres se déplaçant à l'étranger, la puce inclut l'information nécessaire pour identifier le pays d'origine et contacter le bon fichier.

De la taille d'un grain de riz, le transpondeur ou puce électronique est un composant enrobé de verre biocompatible. Il est glissé sous la peau du chien par le vétérinaire, à l'aide d'une forte aiguille. Cet acte médical se réalise, selon le cas, avec ou sans anesthésie.

La lecture s'effectue à l'aide d'un appareil spécifique, promené sur le chien. Le numéro s'inscrit sur un écran à cristaux liquides. Cette vérification sera faite plusieurs fois durant la séance de confirmation, et à chaque fois que vous présenterez le chien chez un nouveau vétérinaire, et aussi en concours de beauté ou de sport canins.

La durabilité de l'implant est supérieure à la durée de vie de l'animal. L'information qu'il contient est infalsifiable. Le numéro attribué est unique et correspond à un seul animal, sans confusion possible. Les coordonnées du détenteur sont centralisées dans le pays d'implantation, auprès d'un organisme agréé par les autorités locales.

Lorsque le chien est déplacé de manière définitive dans un autre pays, son enregistrement doit se faire à nouveau dans le pays d'accueil.

En France, cet enregistrement s'effectue auprès d'un vétérinaire. Les déplacements courts (vacances) ne nécessitent pas une démarche spécifique.

À l'inverse, les travailleurs transfrontaliers et les voyageurs partageant leur temps entre deux pays gagnent à faire enregistrer leur animal à titre complémentaire dans le second pays fréquenté.

L'accès aux renseignements du fichier est autorisé aux seuls vétérinaires, membres des forces de l'ordre, municipalités et gestionnaires de fourrières, moyennant un code d'accès professionnel.

Placé sous la peau, le risque existe que le découvreur d'un animal errant n'ait pas l'idée de la présence d'un transpondeur électronique. Cet inconvénient peut aboutir à une adoption spontanée par un particulier (appropriation) ou au placement (illégal) auprès d'un foyer d'accueil alors que le circuit d'adoption réglementaire est légalement géré par les Sociétés de Protections Animales et assimilées. De tels placements illégaux, réalisés le plus souvent de bonne foi, peuvent aboutir à une lecture très différée de la puce électronique. Attention les trafics sont fréquents.

Certains vétérinaires ne font pas systématiquement la lecture de la puce, à chaque première présentation d'un animal dans leurs cabinets. Dans ce cas, il faut éviter ces professionnels, car ils ne font pas bien leur métier.

Lorsque la puce est identifiée fausse ou absente au détour d'une consultation, le vétérinaire doit en informer le détenteur qui a présenté l'animal à sa consultation. Il peut l'aider à retrouver le propriétaire légitime, mais sans pouvoir le rechercher lui-même de sa propre initiative.

Les fichiers des différents pays ne sont pas interconnectés. Aussi, les voyageurs se rendant régulièrement dans un même pays étranger ont-ils intérêt à enregistrer à titre complémentaire leur animal dans le fichier de ce pays.

Nous avons la chance en France, que n'ont pas d'autres pays européens, de pouvoir utiliser simultanément deux systèmes d'enregistrement le tatouage et la pose d'une puce électronique c'est sans aucun doute le meilleur moyen de pouvoir retrouver son animal de manière rapide. Je vous recommande de bien faire les deux, les jeunes chiots font l'objet de vols.

S'il faut choisir, le transpondeur est très largement préférable au tatouage.

Il faut faire le tatouage dès le deuxième mois, à l'occasion du premier vaccin. Le tatouage est pratiqué par un vétérinaire ou par un tatoueur agréé par le Ministère de l'Agriculture. Ce praticien est responsable de la transmission de l'information au Fichier National Canin.

La carte d'identification du chien vous est obligatoirement remise par le vendeur ou l'éleveur. Réclamez ce document pour votre chien, c'est un document précieux.

Par la suite, en cas de changement d'adresse, un don, une vente, transmettez les modifications à la S.C.C. (pour la France uniquement) en utilisant la carte T, détachable de votre carte d'identification du chien. La S.C.C vous retournera gratuitement une nouvelle carte. C'est juste un peu long.

À l'examen de confirmation si la marche à l'allure n'est pas correcte, le juge peut également vous demander de faire procéder au contrôle des hanches par radiographie et ajournera votre chien jusqu'au retour du résultat.

Le juge comparera votre chien au standard de sa race. Il mesurera sa hauteur, s'assurera que les dents sont bien placées, que la couleur des yeux et de la robe est dans les tons souhaités, que la construction osseuse est conforme, que les testicules sont en place pour les mâles, et que le caractère est équilibré, notamment que votre chien ne soit ni passif, ni agressif.

Pour cet examen le juge doit pouvoir examiner les dents. Il est donc nécessaire d'avoir éduqué votre chien. L'école du chiot pourra vous aider dans cette préparation.

Les accouplements entre variétés sont interdits, sauf dans des cas bien particuliers, sur dérogations accordées par les commissions d'élevage nationales compétentes (texte 1974, Société Centrale Canine fait à Paris).

8 - MES CONSEILS

Il faudra une solide éducation au berger belge car c'est un chien très actif, qui a un fort caractère.

Le choix de l'éleveur sera essentiel, car une bonne lignée vous garantira un chien conforme au standard de la race.

À la maison, l'apprentissage de la hiérarchie devra se faire dès son plus jeune âge. C'est-à-dire dès huit semaines.

Venons au point crucial, c'est un chien sensible, il ne s'épanouira pas dans un climat de brutalité, ou de bruit, ou dans un contexte trépidant. Il pourrait rapidement devenir craintif ou agressif. La confiance est le maître mot de la relation que vous devrez établir avec votre berger belge. Il a absolument besoin d'attention, et de sport, si vous ne pouvez pas vous en charger, alors ne prenez pas un berger belge, il sera malheureux.

Le berger belge est particulièrement ritualisé dans son comportement du quotidien, il est souvent « réglé comme du papier à musique » pour réagir à notre emploi du temps qui dicte le sien, mais aussi à tout enseignement. C'est d'ailleurs dans la « routine » que le Chien se sent le mieux, dans les rituels appris, et prévisibles, il se rassure.

Au rythme de nos allées et venues, de l'éducation à nos attentes, le berger belge se fabrique un « catalogue de comportements canins », qui est organisé autour de nos activités humaines, professionnelles ou autres.

Le changement d'habitude doit se gérer, et il faudra préparer le berger belge avec une immersion progressive si possible, et toujours être plus proche du son chien dans ces moments-là.

Les situations ou le berger belge stress amènent des comportements en réponse qui en général, sont souvent la destruction, et aussi le développement de l'agressivité. Plus rarement le berger belge développera des névroses et des pathologies psychosomatiques.

Un changement de maître prend au minimum un an à un berger belge pour se réadapter et il gardera des séquelles.

Un berger belge battu qui change de famille demande deux ans d'adaptation et beaucoup de patience, et sachez que la blessure se refermera au prix de beaucoup d'affection mais la cicatrice restera. L'aide d'un professionnel sera utile.

Prendre un chien en refuge exigera beaucoup de précaution pour créer le lien, mais sachez que le berger belge ne demandera qu'à bien faire et sera heureux proportionnellement à l'amour que vous lui porterez.

Si vous avez des enfants et que vous prenez un berger belge adulte, il ne faut pas que ce soit votre premier chien, il faudra y aller très progressivement, <u>et toujours surveiller le chien</u>. Il faudra au minimum deux ans, voir plus avant, que le chien ait réadapté ses « routines ».

Sûrement avez-vous entendu le mot « tocard », il désigne un chien qui n'est pas de race, et souvent les chiens médiatiques comme le berger belge, et notamment le malinois, se trouvent en première ligne dans les gênes partagées. Tous les chiens ont droit à une seconde chance.

En résumé, le berger belge n'est pas le chien de tous les maîtres. Véritable chien de travail il ne peut se satisfaire d'une vie tranquille. Il vit à 100 à l'heure et il faut suivre !

Trop de bergers belges s'ennuient et souffrent d'un manque d'activité. Dormir, manger, sortir en laisse pour une petite promenade résume la vie de beaucoup de nos bergers belges. Génétiquement, instinctivement, un berger belge est programmé pour de l'action. L'inaction le conduit souvent à avoir des problèmes de comportement et des troubles psychosomatiques. Ne pas répondre aux besoins de votre chien est une forme de maltraitance passive.

Nos bergers belges vivent des émotions, et ont des sentiments. Nous ne pouvons pas savoir exactement ce que ressent notre chien, mais nous pouvons l'appréhender : en avoir une idée, si le rapport que nous avons établi avec lui est de confiance et de connivence. Il n'y a rien de mystérieux, c'est simplement de l'observation.

Le modèle hiérarchique est le modèle universellement répandu. Chaque comportement du chien est disséqué et interprété en termes de pouvoir et d'autorité. On parle de chien dominant et de chien soumis. Trop de dresseurs canins ont pour mot d'ordre de dominer son chien, et donc de le casser son caractère. Parfois les perfides nomment cela débourrer un chien. C'est une obsession malsaine qui est malheureusement courante avec le malinois. L'idée de dominer le chien, ne vous mènera à rien. La seule voie, celle que j'ai toujours utilisée est le travail de communication avec le chien. Je vis en permanence avec un couple de Bergers Belges je parle en maître pas en théoricien. Souvenons-nous de Descartes qui prônait l'animal robot, et ne croyez pas que le monde canin n'a pas ses théologiens radicaux. Faites donc le tour des compétitions de Ring, et observez. Les professionnels, dont j'ai fait partie, et qui travaillent avec des chiens d'utilisation comme la Police, l'Armée ou la Sécurité Civile, sont le bon exemple. Le chien nous a donné son autorité pour que nous assurions sa sécurité et son alimentation.

Certaines personnes font des concours de beauté avec leurs chiens, c'est très bien, mais le chien n'est pas un mannequin, il faudra donc aussi répondre à ses besoins canins. C'est pire quand des éleveurs ne font que de la beauté avec leurs reproducteurs, un berger belge à besoin d'action. En résumé les comportements « hyper » et « hypo », sont liés aux manques de communication du couple chien maître et d'activité canine. Le comportement « hyper » est dit pour un chien qui tend vers l'hyperactivité. Le comportement « hypo » est un chien timide, peureux, qui refuse l'activité. Évidemment il s'agit de tendance, il faut y observer les modulations.

Le maître doit veiller à ce que le chien ait la place qu'il doit avoir dans la famille. La famille devient pour le chien la représentation de la meute. Le rôle du chien dans le clan est important. C'est au maître de fixer la hiérarchie. Un berger belge essayera de s'imposer comme le chef, notamment le malinois ! La majorité des problèmes de comportements canins viennent de ce que le chien n'est pas à sa place au sein de la famille.

Le maître, doit apprendre à interpréter intelligemment les codes de communication du chien qui de son côté cherchera à interpréter les codes, du maître voir à les anticiper.

Si vous avez des enfants, il est indispensable de leur apprendre les positions d'apaisement du chien ainsi que les postures du chien. Vous éviterez les problèmes si vos enfants ont appris à connaître les règles du chien. Aussi il faudra leur expliquer les limites de l'interaction avec le chien.

Le maître qui veut un berger belge devra parfaire sa relation avec son chien et l'entretenir. Nous verrons que le chien à vocation à prendre des initiatives selon des

codes bien précis. C'est très important, car un berger belge apprend vite, et évidemment il ne fait pas la différence entre le bon comportement et le mauvais.
J'ai assisté à des scènes surréalistes en club, comme forcer un chiot malinois à prendre une position de fixation. Et évidemment il a mordu. Le chien a associé la position de fixation à une contrainte et a réagi par peur. L'éducateur a immédiatement interprété que ce chien avait trop de caractère. Quand un malinois développe de mauvaises réponses à des stimulations c'est son éducation de base qui est en cause. Il n'existe pas de lignée d travail, c'est un argument de marchand. J'ai sélectionné des chiens, et j'affirme que c'est toujours les tests qui indiquent le potentiel du chien. Malheureusement, parfois un chien bien né, n'a pas les qualités requises pour devenir professionnel. Heureusement j'ai déjà sélectionné des chiens dont les origines étaient très simples et qui se sont avérés excellent. Lors des sélections, le chien est toujours LOF, cela est dommage car certainement des croisés ont des aptitudes, mais c'est la règle.
En moyenne il faut une vingtaine de leçons pour l'éducation de base. L'éducation est progressive dès 8 semaines jusqu'à au minimum 18 mois. Pour un chien de garde, ou de travail, il faut minimum deux entraînements par jour de vingt minutes pour entretenir les réflexes. Il faut compter deux ans pour une éducation complète. Je définirais les qualités du maître ainsi : calme, passion, amour, rigueur.

9 - CHOISIR SON CHIOT

Je vais d'abord, parlez de vous, futur maître, avant de vous livrer un lot de conseils sur le choix de votre Berger Belge La petite boule de poils, c'est tout beau, tout mignon. Êtes-vous sûrs de votre choix ?

Un chien c'est pour 12 à 14 ans de vie commune avec un compagnon.

Êtes-vous joueurs — pas de poker ou de roulette russe — mais de balle, ou de Frisbee. Le jeu est le secret pour établir une connivence avec votre chien. Si vous associez le jeu et la récompense alors ce sera gagné. Mais attention, l'usage de la récompense est un art. L'objectif n'est pas d'avoir un chien dépendant à la croquette.

Je vais faire des grincheux, mais un chien ne s'achète pas en animalerie, et surtout pas chez un particulier non déclaré comme éleveur et qui aurait de magnifiques chiots sans LOF. L'élevage est depuis janvier 2016 réglementé. C'est une affaire de professionnels.

Nous allons tordre le cou une fois de plus à une idée reçue. Un chien dominant cela n'existe pas. Le chien réagit à un phénomène de meute, il ne sera jamais dominant ou soumis, il évoluera dans une palette de comportements en fonction du contexte et de son caractère. Par contre un chien peut avoir plus ou moins de caractère, être plus ou moins craintif ou insociable. Un test vous aidera à comprendre le caractère du chiot, et l'éducation jouera alors pleinement son rôle.

Un chien garde doit avoir du caractère, avoir une

tendance à l'autonomie, voire à l'indépendance.

Je vous invite visiter le site du club de la race du CFCBB. S'il y a une portée elle est annoncée sur le site. Et seul les élevages sérieux qui se conforment à l'orientation du club de race, sont référencés. Une fois repéré la portée, il faudra sur le site du club regarder la cotation des chiens reproducteurs de l'élevage, mais aussi les cotations en général des chiens de l'élevage. Je vous conseille vivement de contacter le club de race.

Vous devrez visiter l'élevage, il ne faudra pas décider avant, et surtout pas par téléphone. Vous prendrez rendez-vous pour une visite.

Lors de la première visite de l'élevage, faites confiance à votre instinct, soyez observateurs, questionnez l'éleveur. Avec ce livre vous saurez déjà beaucoup de choses. Vous allez vivre de dix à quatorze ans, avec votre compagnon. Voyons, c'est sérieux.

C'est très intime. Vos enfants joueront avec votre chien. C'est essentiel que votre chien soit sociable. Attention, avec un enfant ne perdez jamais le chien de vue. Quelle que soit la race du chien cette règle est essentielle.

Pour choisir votre chiot il y a le test comportemental élaboré par le psychologue William Campbell à la fin des années soixante, qui a été créé pour prévoir les tendances comportementales des chiots soumis aux ordres et à la domination (physique et sociale) de l'homme.

Son but est d'aider un acquéreur potentiel à choisir, à l'intérieur d'une portée, le sujet le plus adapté au milieu et à la famille dans lesquels il est appelé à vivre.

Le test de Campbell est très utile si l'on n'attend pas d'autres résultats que ceux prévus à l'origine par ce test : ce n'est ni un test d'intelligence ni un test d'aptitude, et l'on ne peut donc pas considérer qu'il va nous fournir des indications allant dans ce sens.

Dans quelques cas seulement, avec des races au

caractère très particulier – comme le Chow-Chow –, le test de Campbell ne donne pas de résultats fiables.

Le test se fait entre quarante à cinquante jours, il dure une demi-heure. Vous choisirez un lieu isolé et tranquille, n'offrant aucune distraction, et clos. Il doit y avoir une entrée parfaitement identifiable. Il est indispensable que ce lieu, situé à l'extérieur ou à l'intérieur, soit absolument inconnu du chiot.

Le futur propriétaire du chiot doit demander à exécuter le test lui-même.

Si l'éleveur vous dit qu'il a déjà soumis la portée au test, demandez-lui gentiment l'autorisation de le refaire vous-

même. S'il refuse, à vous de juger l'éleveur. Sûrement sa notoriété est surfaite.

Vous prenez vous-même le chiot que vous envisagez et vous le conduisez dans une zone choisie pour le test. Cette zone est évidemment convenue avec l'éleveur.

Vous ne devez pas parler au chiot, ni l'encourager, ni le caresser. Si le chiot fait ses besoins pendant le test, ignorez la chose et ne nettoyez l'endroit que quand le chiot sera parti.

<u>Attraction sociale</u> : Posez délicatement le chiot au centre de la zone de test et éloignez-vous de quelques mètres dans la direction opposée à celle de l'entrée. Accroupissez-vous ou asseyez-vous en tailleur et tapez doucement dans vos mains pour attirer le chiot, il doit vous rejoindre.

<u>Aptitude à suivre</u> : Partez d'un point situé à proximité du chiot et, éloignez-vous du chiot en marchant normalement. Le chiot doit vous suivre tout de suite.

<u>Réponse à la contrainte</u> : Accroupissez-vous, retournez délicatement le chiot sur le dos et maintenez-le dans cette position pendant 30 secondes environ en laissant votre main sur sa poitrine. Le chien se rebelle puis se calme et vous lèche.

<u>Dominance sociale</u> : Baissez-vous et caressez doucement le chiot en partant de la tête et en continuant par le cou et le dos. Le chiot se retourne et vous lèche les mains.

<u>Dominance par élévation</u> : Prenez le chiot sous le ventre en croisant vos doigts, les paumes des mains vers le haut. Soulevez-le légèrement du sol et maintenez-le ainsi pendant 30 secondes environ. Le chiot se rebelle puis se calme et vous lèche les mains.

Le test complet est modulable, en fonction des réponses, je vous ai donné les meilleures réponses du chiot.

Certains chiots ont tendance à réagir d'une façon agressive et pourraient même mordre. Ils ne conviennent pas à une famille avec des enfants ou des personnes âgées, car ils ont trop de caractère et sont à réserver à un maître averti qui veut faire de l'activité canine.

Certains chiots ont tendance à se faire valoir, sans toutefois atteindre des excès. Ils ne sont pas recommandés dans les familles où vivent déjà des enfants en bas âge ou d'autres chiens du même sexe.

Certains chiots, sont extrêmement soumis, et devront recevoir beaucoup de douceur et de gratifications pour avoir confiance en eux et parvenir à s'adapter le mieux possible au milieu humain. Ils cohabiteront difficilement avec des enfants.

À vous de situer le chiot en fonction du test. Le chiot a répondu comme je vous l'ai indiqué, il est complètement équilibré et pourra s'adapter partout, même s'il y a des enfants ou des personnes âgées. Il a un degré élevé de docilité.

Comprenez que nous n'appréhendons pas la dominance qui est un facteur lié à la meute, mais bien la docilité et donc la facilité d'éducation.

Maintenant vous pouvez réserver votre bébé chiot.

Vous poserez une option ferme et vous donnerez un acompte.

Une femelle ou un mâle. C'est au choix. Considérez qu'un mâle à plus de caractère est inexact, chaque chien est influencé par ses gènes et son environnement. Les gènes sont connus si vous prenez une lignée avec un LOF, et que vous avez pris le temps d'observer les parents et les frères et sœurs. Ce sera à vous de créer l'environnement adéquat.

Vous viendrez voir l'évolution de la portée lors d'une deuxième visite dès que les chiots auront soixante jours. Vous pourrez vérifier que le chiot choisi est toujours équilibré, simplement en faisant quelques jeux. Soulevez-le, appelez-le, grattez-le, tous vos gestes seront d'abord un peu refusés, puis acceptés. S'il y a un problème là, alors entre les deux visites l'éleveur a rencontré une difficulté.

10 - L'ARRIVÉE DU CHIOT

Avant de voyager, vous avez réglé les dernières formalités, et vous avez été particulièrement attentifs aux vaccinations. Vous avez un carnet de santé, un livret des origines familiales, un carnet de vaccinations et une facture.

Pour votre voyage, sachez que le chiot est un être fragile qui va pour la première fois vivre ce qui est pour lui un drame. Alors soyez compréhensifs envers votre chiot.

Vous ferez une halte par heure. Vous avez de l'eau, une gamelle, du papier absorbant, deux serviettes, et une vieille chemise à vous.

Pourquoi vous demandez-vous ? Eh bien la chemise va beaucoup servir plus tard car elle sera imprégnée de votre odeur, et deviendra un repère pour le chien.

Lorsque le chiot entre à la maison, il faut qu'il trouve un coin prêt pour lui. Il aura un panier avec un tapis moelleux. S'il vous plaît éviter l'osier car le chiot va déchiqueter et engloutir des morceaux. Vous aurez prévu deux écuelles si possible en acier et des jouets. Il devra y avoir deux types de jouets, pour s'amuser, et pour travailler.

Ne donnez pas de jouets en mousse ou en plastique que le chiot va détruire et dont il avalera des morceaux. Je préconise une balle ronde, une balle ovale et une barre en élastomère. Je ne suis pas sponsorisé, alors je m'autorise à vous conseiller la marque Kong qui est à mon sens la plus résistante et qui est ajourée pour mettre des friandises dans les jouets. Je renouvelle peu les jouets de mes quatre chiens en privilégiant la résistance.

Le poids des chiens pèsera à terme sur leurs articulations non protégées par du poil, et cela engendrera des calcites aux coudes des pattes. Offrez à votre chiot un coussin de panier très confortable et si possible avec une housse lavable.

Il ne faudra pas donner de suite ses jouets au chiot. Vous devrez attendre au minimum trois jours avant de jouer avec lui. Ensuite vous pourrez en laisser à la disposition du chiot.

Les jouets de travail vous les garderez pour l'apprentissage avec le chien. Cette procédure est la base de l'éducation du chien.

Le chiot en arrivant va devoir s'habituer à son chez lui et à sa nouvelle famille. Soyez patients, laissez le chiot prendre ses marques. Vous devrez attendre que votre chien soit en sécurité et se sente protégé avant de le solliciter.

À son arrivée, vous allez d'abord continuer les câlins, et doucement laisser le chiot explorer sa nouvelle maison. À ce moment-là, il y aura peut-être un besoin urgent et vous devrez faire comme si de rien n'était. S'il vous plaît ne montrez pas au chien que vous nettoyez, ne marquez pas le moment des besoins sinon vous augmenterez le temps que le chiot mettra à être propre.

Si vous avez un jardin, vous pourrez anticiper le moment du besoin urgent. Votre chiot sera très vite propre.

Le chiot fourrera son museau partout, laissez-le faire pour qu'il puisse se familiariser avec son milieu. Comme il va à un moment faire une bêtise, votre première leçon d'éducation va commencer.

Vous devez savoir dire « NON » et de façon sèche. C'est très important.

Ne vous inquiétez pas, si vous devez répéter. Pendant les deux premières semaines, c'est juste un « NON » que vous répéterez autant de fois que nécessaire. Surtout il ne doit pas y avoir de punition.

Ne vous précipitez pas au moindre gémissement du chien, sous peine d'en faire un mauvais comportement.

Le chien vit sa vie, vous vivez la vôtre. Ce n'est pas le chien qui décide.

Éviter l'accident en apprenant à bien soulever le chiot, mettez une main sur la poitrine, mettez l'autre main sous les fesses.

Après une semaine vous ne direz « NON » que deux fois. Si le chien continue, vous n'insisterez pas. Vous changerez de stratégie. Première leçon il ne faut pas crier. Deuxième leçon il ne faut jamais toucher le chien pour le contraindre.

Vous allez associer l'ordre « NON » à un bruit. J'utilise une bouteille d'eau en plastique remplie de petits cailloux et bien bouchonnée. Vous lancerez la bouteille à droite ou à gauche du chien en donnant sèchement l'ordre « Non ».

Je dis à droite ou à gauche et suffisamment loin de lui. C'est juste fait pour détourner son attention. L'erreur sera de toucher le chien avec la bouteille car vous le rendrez peureux.

S'il vous plaît ce n'est pas un jouet mais un outil d'éducation, alors ne donnez pas la bouteille au chiot.

Le chiot devra rester une semaine dans sa maison avec sa famille. Il ne devra pas rester seul car il serait désorienté et stressé. Et malheureusement votre chiot répondra à sa façon à son déséquilibre. Oui bien sûr il y a la propreté. Pensez-vous que le chiot fera dehors ? Essayez. Mais attention à ne pas exposer le chiot car son système immunitaire est inexistant pour l'instant.

Après une semaine, sortez et laissez le chien seul chez vous cinq minutes puis revenez. Félicitez-le, il est resté tranquille, il sera content de vous revoir. S'il a fait un besoin, ou une bêtise, faite comme si de rien n'était. Vous pourrez diminuer le temps, et mettre trois minutes. En général nous commençons par cinq minutes, puis dix minutes, faites-le tous les jours, et augmentez la durée. Le chien n'a pas la notion du temps. Mais, il a peur de l'abandon. Alors transformez la notion d'abandon en attente positive.

Plus tard, vous allez confier votre maison à votre chien. Alors ne loupez pas l'éducation de base.

À partir de deux semaines chez vous le chien devra sortir et là aussi vous devrez respecter une procédure. Pour sa première sortie le chien portera une laisse et un collier en cuir et surtout pas de collier étrangleur et encore moins de collier électronique.

Vous maîtrisez le premier commandement qui est le « Non ». Vous allez travailler l'ordre « Au pied ». Vous vous rendez dans un endroit calme et vous allez apprendre au chien à marcher à côté de vous. Commencez par mettre votre chien à votre gauche, puis commandez « nom de votre chien - au pied » et avancez la jambe gauche. Le mousqueton doit tomber librement, le chien doit avoir les épaules au niveau de votre genou. Le chien doit vous suivre mais pas vous devancer. Surtout allez-y doucement, vous ne corrigez pas le chien, vous lui apprenez. Ne vous inquiétez pas, il comprend.

compliquer la vie, pour plus tard.   Le chien est en apprentissage. Soyez compréhensifs. Avez-vous appris immédiatement ?

Pour l'instant limitez-vous à l'apprentissage de la marche en laisse. Il ne faut que votre ordre soit toujours « nom de votre chien - au pied » et vous ramenez le chien en bonne position. J'ai dit délicatement car c'est un chiot. Mais il a le droit de sortir, et en tout cas il ne doit pas apprendre un mauvais comportement. N'allez pas vous étapes. Vous avez remarqué que nous avons commencé tôt son éducation.

Les sorties devront être progressives en durée et en complexité. N'exposez pas votre chiot au centre-ville un samedi aux heures de pointe.

Commencez par des balades en campagne, puis en ville dans un endroit protégé du trafic, puis petit à petit exposez le chien.

Tôt ou tard votre chien aura peur. S'il vous plaît n'ancrez surtout pas ce comportement. Faites comme si de rien n'était et continuez à marcher. Il ne faut jamais féliciter un chiot pour un comportement inadéquat.

Je vous résume ma méthode pour le chiot : l'ancrage et le renforcement positif. Rien d'autre.

Quand on désire un peu de tranquillité à la maison, on peut utiliser un enclos pour chiot. Le chien doit avoir un repère, c'est son panier. Il doit de lui-même s'habituer à s'y rendre. C'est son coin, vous n'avez pas le droit d'y aller.

Vous pouvez aussi avoir une cage de transport métallique. Il faut l'y habituer dès son plus jeune âge, en le mettant dedans.

Pour amener le chien à utiliser son panier puis à accepter sa cage de transport, il faut y placer au début un os à mâcher, de la panse à mordiller, des oreilles à lécher, et son jouet préféré mais surtout sous le coussin la chemise qui a été utilisée pour l'arrivée du chien et qui porte votre odeur. L'ancrage olfactif est une façon de rassurer le chien. Le chiot ne devra jamais être dérangé lorsqu'il se trouvera dans son coin. Le chiot doit avoir à boire en permanence. Lorsque je me déplace je pense à amener de l'eau pour le chien. Un chien boit beaucoup, et de l'eau saine et propre.

Le chiot mange à heure fixe une ration prévue et si possible une alimentation de qualité. Il a 20 minutes, puis vous enlevez la gamelle. Pour les friandises, vous devez comprendre qu'elles sont nécessaires à l'éducation du chiot et plus tard du chien. Donc la récompense est un outil d'éducation. Seulement la récompense est calorique. Il est préférable de la choisir allégée.

11 - LA PROPRETÉ DU CHIOT

Pour votre chiot, la propreté signifie naturellement de ne pas faire sur les lieux de couchage et de nourriture. Le chiot doit donc comprendre la propreté autrement.

Pour faciliter l'apprentissage vous devez respecter quelques règles.

Distribuez la nourriture à heure fixe si possible pas le soir tard.

Laissez manger le chien seul au calme et lui retirer sa gamelle vingt minutes après la lui avoir donnée. Qu'elle soit vide ou pas.

Toujours laisser de l'eau propre disponible.

Sachant que le chiot se soulage après l'ingestion de nourriture, sortez-le juste après avoir mangé, mais ne le faites pas courir.

Un chiot dort beaucoup, il va donc se reposer de nombreuses heures et souhaite se soulager presque automatiquement à son réveil. Sortez-le juste après le repos.

Un chiot de 8 semaines ne peut pas se retenir plus d'une heure ou 2 dans la journée, 3 ou 4 heures la nuit, donc soyez patients. Vous pouvez compter les heures et sortir le chien. Je vous assure que cela fonctionne très bien, si vous sortez le chien après les repas, après les siestes, après les séances de jeux, le soir avant le coucher et le matin dès le jour et les premiers bruits. Un Berger Belge va vite comprendre, et viendra vous alerter.

Il ne faudra pas attendre du chiot une réelle capacité à

se retenir plusieurs heures avant l'âge de 6 mois.

Vous devez sortir le chien trois fois par jour au minimum.

Le chiot parfois va naturellement se soulager dans la maison, surtout ne le punissez pas. Mais n'ancrez pas ce mauvais comportement. Faite comme si de rien n'était.

Sortir le chiot souvent et dès son plus jeune âge est une évidence.

Au début choisissez de le conduire en laisse dans des endroits tranquilles et propres.

Les endroits bruyants, très fréquentés de gens et de congénères sont à proscrire.

Il est conseillé de sortir le chiot avant ses 3 mois. Le risque infectieux est minime. Par contre pour son éducation c'est génial. Il deviendra plus vite équilibré et capable de faire ses besoins en laisse où que vous alliez. Et même si votre chiot dispose d'un jardin, cela ne dispense surtout pas de le sortir dans la campagne.

Enfin pas de fixation sur la propreté, elle viendra entre six et huit mois.

12 - LA SOCIALISATION DU CHIOT

À partir de sa huitième semaine, le chiot peut de manière légale quitter l'endroit où il est né.

Il va falloir qu'il découvre sa nouvelle « maison » et poursuive l'apprentissage de la vie, de ce qui l'attend dans les mois et années à venir.

Des expériences nouvelles sont indispensables aux chiots pour acquérir un équilibre comportemental satisfaisant à l'âge adulte, cette confrontation avec le monde qui l'entoure devant se réaliser dans de bonnes conditions (absence d'éléments anxiogènes).

Le chiot a grandi aux côtés de sa mère qui s'est occupée de lui inculquer quelques règles. Dans le meilleur des cas, il était aussi entouré de frères et sœurs avec lesquelles il a pu échanger, jouer et apprendre aussi le partage. S'il a vécu à la campagne et qu'il se retrouve en ville – ou inversement – cela constitue un premier grand changement dans sa vie.

De nouveaux bruits, puis un nouvel environnement, les premiers jours, cela fait beaucoup d'un seul coup ! C'est pour cela qu'il convient de l'accueillir avec un certain calme.

Le chiot doit une semaine après son arrivée être manipulé régulièrement mais précautionneusement, et confronté en douceur et de manière progressive aux différents bruits de la vie courante, il sera plus rapidement à l'aise.

Ensuite, il devra être confronté aux bruits, de la

télévision, de la radio, de l'aspirateur, du balai que l'on passe non loin de son museau, aux voisins dans l'escalier ou le jardin, aux visites d'amis.

Le chien vacciné, vous devez sortir le plus possible sans craindre pour sa santé. C'est essentiel.

Apprenez-lui progressivement à s'habituer à tous les bruits, à tous les lieux. Ces petites incursions alors qu'il est tout jeune lui éviteront de nombreux problèmes plus tard dans sa vie. Et surtout, surtout faites-lui croiser des gens. Arrêtez-vous, serrer des mains et habituez-le aux enfants de la rue qui veulent le complimenter.

Tordons le cou encore à une idée reçue, le chien ne devrait jamais être caressé par des étrangers, pour préserver son instinct de garde. Pas de chance c'est exactement l'inverse. Il faut le socialiser sinon ce ne sera pas un chien de garde qui sait analyser un danger mais un lion en cage prêt à bondir sur tout ce qui passe à sa portée.

Les chiots devraient être présentés à des enfants de tous les âges, s'il n'y en a pas dans la maison, trouvez-en. Par contre, il doit toujours y avoir un adulte qui supervise lorsque les enfants sont avec le chiot de manière à ce que les jeux ne deviennent pas trop houleux et que le chiot ait une expérience positive.

Si le chiot fait mal à l'adulte, le gros chien trouvera une manière d'arrêter le petit, soit avec un grondement soit avec un aboiement. Stoppez immédiatement votre chiot. Ces conseils sont essentiels pour l'éducation. Éduquer le chiot en l'habituant aux autres chiens est essentiel. Une des meilleures manières d'apprendre les bonnes manières canines est de permettre à votre chiot de rencontrer des chiens adultes. Les chiens adultes font attention aux chiots, c'est leur nature. Exposez le chiot progressivement à des congénères adultes, et s'il y a agressivité vous devez stopper immédiatement le chiot.

Apprenez à votre chiot à accepter d'être manipulé par

d'autres que vous dès son plus jeune âge. Demandez à vos amis de procéder doucement à l'examen des oreilles, des yeux, de la queue, des gencives et des dents de votre chiot.

Donnez une petite récompense au chiot pour avoir permis ceci. Par contre la récompense ce n'est que vous. Essayez de vous souvenir de cette règle. Ne permettez à personne de nourrir votre chien, c'est la base de l'éducation au refus d'appât. De cette manière, les chiots apprendront qu'être manipulés par tout un tas de gens est une expérience agréable et manger ce n'est que sur indication du maître. Pour les obligations de pension, il faudra que le chien soit présenté à l'accueillant et progressivement immergé (une heure en pension, puis deux…), ne mettez pas le chien en pension avant son éducation complète c'est-à-dire dix-huit mois. Si vous utilisez votre chien en garde, évitez la pension et préférez confier le chien à des proches connus du chien et averti. Je sais, faire garder son chien est une contrainte, pensez-y avant et choisissez une personne de confiance et averti. Les traumatismes psychologiques liés au sentiment d'abandon existent dans ce cas, alors éviter absolument l'autoritarisme.

13 - MON BERGER BELGE AU QUOTIDIEN

Le berger belge est un chien qui bouge, qui joue, qui communique, donc c'est très important, que son maître lui offre des sorties, des jeux et surtout des interactions. Sachez qu'entre douze et quatorze mois un berger belge fera certainement une crise d'adolescence et voudra se mesurer à son maître. Il faudra rester calme, ferme, et continuer à interagir. Cette phase dure deux ou trois mois.

Les moments des chaleurs demanderont de l'attention pour les mâles comme pour les femelles. Il est essentiel pour un particulier, d'avoir choisi un moyen de contraception (définitifs ou réversibles si vous souhaitez faire du concours en club de race et proposer votre chien en saillie ou votre chienne pour une portée à des éleveurs).

La majorité des problèmes de comportements canins viennent d'une éducation soit trop ferme, soit trop molle. Le berger belge est probablement la race de chien la plus intelligente. Le berger belge ne recherche pas la tranquillité d'un emploi du temps répétitif mais à participer à la vie de famille ou à travailler avec son maître, ou son éducateur. Cette caractéristique imposera une éducation avec des expositions variées à un maximum de situations différentes. Ce point est essentiel, un berger belge qui n'a pas été éduqué posera un jour ou l'autre des problèmes.

Avec un Groenendael ou un Tervuren une éducation à

la « dure » en fera un chien craintif, car c'est un chien qui doit avoir une confiance absolue dans son maître, ils sont de nature craintive au départ. Si vous brisez la confiance, la relation sera irrémédiablement détruite. Avec le malinois et le laekenois une éducation à la dure donnera des chiens agressifs et souvent dangereux. Une éducation à la « cool » avec un berger belge donnera

un chien « fou - fou » qui coursera partout le moindre animal, et passera à son temps à vous provoquer et à aboyer.

Le berger belge est intelligent et rapide comme l'éclair, vous avez tout intérêt à investir dans une éducation pointue. Il faudra être attentif aux enfants qui pleurnichent pour un « oui » ou pour un « non » et qui conduisent le chien à être réprimandé. Le berger belge se vexe facilement et va bouder, puis la relation sera rompue.

Le malinois et le laekenois sont à réserver à des maîtres avertis et disponibles : l'instinct peut occasionner des difficultés de comportement. Il est très actif, et a absolument besoin de beaucoup d'exercice et de travail ou de sport canin pour être canalisé.

Le grœnendael et le Tervuren, sont très actifs, et ont absolument besoin de beaucoup d'exercice mais sont plus faciles comme chien de famille.

Voici quelques questions qui me sont régulièrement posées :

<u>« Lorsque mon berger belge ne revient pas tout de suite, dois-je le gronder ? »</u>

L'éducation au rappel est essentielle. Le berger belge tentera sûrement de gagner du temps pour profiter de plus de jeu et de liberté, il peut donc prendre parfois prendre son temps avant de revenir quand vous l'appelez ? Cette situation peut vous énerver et vous donner envie de réprimander votre chien afin qu'il comprenne que la prochaine fois il serait préférable qu'il revienne plus vite. Cela est une erreur car votre chien ne comprendra pas cette logique. Lui, fonctionne dans l'apprentissage immédiat. En le réprimandant lorsqu'il revient, vous lui apprenez que revenir vers vous n'est pas une bonne chose. Dans ce contexte, je préconise de toujours félicitez votre chien lorsqu'il revient, de le remettre en laisse et de continuer la ballade ainsi suffisamment longtemps. Un berger belge est très intelligent il comprendra que de se faire attendre à l'injonction « au pied » entraîne ensuite une privation de liberté. Ensuite il passera à une autre stratégie qui sera de vous mordiller les fesses ou la laisse, pour vous dire qu'il aimerait rester plus longtemps. Si vous ne cédez pas, il comprendra. En principe à partir d trois ans, il ne doit plus essayer ces genres de stratégies.

<u>« Lorsque je remarque que mon berger belge a fait une bêtise pendant mon absence, dois-je le punir systématiquement »</u> ?

Si vous grondez un chiot en rentrant chez vous pour lui faire comprendre que vous ne souhaitez pas qu'il ait ce comportement, c'est une erreur. Dans cette situation, votre chien comprendra que vous ne voulez pas de cette bêtise et non que vous ne vouliez pas qu'il fasse cette bêtise ! Par exemple, si votre chien fait pipi en votre absence et que vous le réprimandez après coup, il comprend que vous ne voulez pas du pipi dans la maison et il risque d'éliminer ces traces en mangeant ces excréments. Il ne comprend donc pas la situation tout simplement car une réprimande doit toujours être sur le fait. Pour régler des comportements gênants en votre absence, vous devez ignorer le berger belge au moins une heure.

<u>« Mon berger belge aboie quand on sonne à la porte, est-ce normal ? »</u>

Il faut le féliciter et lui adjoindre de se taire. Il vous obéira, car c'est un berger belge et qu'il comprendra. Il est naturel qu'il prévienne, il faudra le féliciter avec une petite caresse, si après avoir prévenu il reste en vigilance et aux ordres. Si vous évitez le dressage à la brute, le berger belge sera réceptif à vos consignes en matière de garde.

« Puis-je laisser mon enfant seul avec mon berger belge ? »

Ne laissez jamais, ô grand jamais, votre chien seul avec votre enfant ! Cette règle de sécurité devrait être connue de tous les parents. Ne prenez pas ces règles de sécurité à la légère, un accident est, malheureusement, bien trop vite arrivé. Même si en général le berger belge adore les enfants, il faut surveiller.

« Mon berger belge vole parfois de la nourriture, dois-je le gronder ? »

C'est une caractéristique du berger belge, il faudra le prendre en « flag » pour lui interdire cela. Par contre les pièges sont absolument contre-indiqués (genre poivre, moutarde, pétard à retardement…), car le chien doit toujours comprendre un interdit par son maître et pas comprendre un interdit par la peur.

La plupart des bergers belges s'ennuient et souffrent d'un manque d'activité. Dormir, boire, manger, être caressé, sortir en laisse pour une petite promenade ce n'est pas la vie du berger belge, car génétiquement, instinctivement, il est programmé pour l'action. L'inaction le conduit souvent à avoir des problèmes de comportement et des troubles psychosomatiques. Ne pas répondre aux besoins de votre chien est une forme de maltraitance passive.

Nos bergers belges vivent des émotions, et ont des sentiments. Nous ne pouvons pas savoir exactement ce que ressent notre chien, mais nous pouvons l'appréhender, si le rapport que nous avons établi avec notre chien est de confiance et de connivence. En observant notre chien nous pourrons apprendre, tester puis anticiper. Il n'y a rien de mystérieux, c'est simplement de l'observation.

Le modèle hiérarchique est le modèle le plus répandu et le plus utilisé. Chaque comportement du chien est disséqué et interprété en termes de pouvoir et d'autorité. On parle de chien dominant et de chien soumis. Trop de dresseurs canins ont pour mot d'ordre celui de dominer le chien, et donc de casser son caractère. Même pour un malinois c'est intolérable. Il faut être éducateur et pas dresseur de fauves. La seule voie, que j'ai toujours utilisée est le travail de communication avec le chien. J'ai travaillé en opérations militaires avec des malinois, je vis avec un couple de Groenendael depuis ma retraite, je parle en maître, et en maître-chien. Je ne suis pas un théoricien. Le monde canin a encore trop de théologiens radicaux qui prônent la méthode dure.

Il y a une méthode simple et efficace pour communiquer avec son chien. C'est par la connaissance que tout commence, par la pratique qu'il faut poursuivre, et c'est l'entraînement qui forge l'expérience.

<u>« Quels sont les problèmes de santé du berger belge ? »</u>
Vous devez veiller lors de l'achat à ce que les parents ne soient pas touchés par la dysplasie de la hanche - dysplasie coxo-fémorale - qui est une affection de l'articulation entre le bassin et le fémur provoquant une usure prématurée de la tête du fémur et par conséquent des problèmes de locomotion. Il faut veiller à ce que la détection des tares génétiques oculaires ait bien été réalisée sur les géniteurs, notamment une recherche de la gonio-dysplasie - qui est une malformation congénitale du ligament pectiné de l'œil, et il faut être attentif aux anomalies de l'œil qui peuvent affecter la vision. Il existe une atrophie progressive de la rétine qui doit aussi être dépistée dès 6 semaines. Il faudra

demander les résultats des dépistages à l'éleveur. Mais je tiens à vous rassurer, le berger belge est un chien plutôt robuste. Il ne présente pas de problème de santé particulier, hormis, bien entendu, si les parents n'ont pas suivi les protocoles de dépistages, ce qui n'est jamais le cas avec des élevages recommandés par la CFCBB. Il existe un syndrome de dilatation torsion gastrique auquel vous devez faire attention qui est le retournement de l'estomac et qui arrive si le chien se met à l'effort après avoir mangé.

<u>« Comment entretient-on le poil du berger belge ? »</u>

Le Berger Belge à poil court ou dur ne demande pas beaucoup d'entretien. La variété à poil long, a besoin d'être entretenue plus souvent, notamment lors des mues. En période de mue, qui se produit deux fois par an, on fera un brossage quotidien. La mue dure entre deux et trois semaines. On portera une attention particulière chez le poil long derrière les oreilles, et aux franges des membres pour ne pas laisser se former des paquets de bourre. Le poil dur doit être épilé à la main en moyenne deux fois par an. Mes habitudes sont de confier mon couple en automne et au printemps au toilettage, je reste présent par sécurité car une fois j'ai eu un problème mineur avec mon malinois qui a refusé catégoriquement après le bain, le toilettage.

<u>« Quels sont les vaccins à prévoir pour mon berger belge ? »</u>

Il faut suivre les conseils de votre vétérinaire, pour les rappels de vaccin. Pensez à administrer un traitement anti-puce et tiques pendant les saisons chaudes ainsi qu'un vermifuge deux fois par an. Le carnet de santé et le suivi médical sont obligatoires en France. En fonction des régions et des risques votre vétérinaire vous conseillera, les vaccins nécessaires ainsi que d'autres protections en fonction des régions. Surtout avant de voyager il fait contacter votre vétérinaire.

« Quelle nourriture dois-je donner à mon berger belge ? »

Il faut le nourrir si possible deux fois par jour avec une alimentation sous forme de croquettes de bonne qualité car une bonne alimentation est indispensable. Si le repas n'est pas consommé en vingt minutes, retirer la gamelle et surtout vous devez refuser le grignotage entre les repas. Si le chien fait de l'utilisation ou du sport canin, il faut compléter avec des vitamines. Pour les chiens de travail un complément en viande presque crue et en poisson et cela une fois par semaine est une bonne habitude.

« La nourriture BARF est-elle conseillée pour mon berger belge ? »

L'alimentation à base de viande crue BARF (Biologically Appropriate Raw Food) est une approche de l'alimentation du chien que je ne conseille qu'avec un dialogue avec votre vétérinaire avant de décider. Le choix des aliments BARF s'appuie sur le respect de la physiologie propre à l'animal. Le chien étant un carnivore, on lui proposera une alimentation de carnivore, à base majoritairement de viande, d'os crus et d'abats. Ce type d'alimentation s'appuie notamment sur l'idée que les choix alimentaires des animaux sauvages sont guidés par leurs besoins biologiques. Dans la nature, les animaux choisissent instinctivement le régime le mieux adapté à leur métabolisme. Je me permets de faire remarquer, que pour les animaux domestiques c'est l'être humain qui subvient à leurs besoins quotidiens. Pour les chiens de travail l'alimentation est sèche et à la base de bonne qualité, et surtout hautement digestible, des compléments sont rajoutés à la demande en fonction de ce qui est demandé au chien.

« Comment gérer la sexualité chez mon berger belge ? »

La maturité sexuelle du chien se produit autour du

septième mois chez le mâle, et entre sept et dix mois chez la femelle. Par contre, le chien peut manifester des désirs sexuels dès l'âge de sept semaines, sous forme de jeux où l'accouplement est simulé. La femelle connaît des périodes de chaleurs ou œstraux, en général, tous les six mois. Il arrive que cet intervalle varie entre 4 et 8 mois. Ces périodes se produisent au printemps et à l'automne ; elles correspondent à l'ovulation et dure de 15 à 20 jours. La fécondation peut se produire entre le septième et le quatorzième jour. L'urine contient alors des phérormones qui attirent les mâles. La chienne a des segments généralement appelés menstruations, bien que le terme exact soit diapédèse. Il s'agit de globules rouges qui traversent la paroi. Si un mâle montre de l'intérêt, la chienne fera savoir son contentement en plaçant sa queue de côté, pour présenter son vagin. Lors de copulation, un bulbe sur le pénis du chien se gorgera de sang. Le chien ne pourra se séparer de la femelle tant qu'il ne se désengorgera pas, cela peut prendre de 15 à 20 minutes. Attention, il est très important de ne pas tenter de séparation sous aucun prétexte cela risquerait de déchirer le vagin de la femelle. Il ne faut pas considérer la stérilisation comme une mutilation qui rendra votre animal malheureux. Il faut savoir que le comportement d'une chienne dépend surtout de son instinct et de ses hormones. Les chaleurs apparaissent environ deux fois par an, et durent en général 3 semaines. Hormis ces deux périodes de l'année, sachez que votre chienne n'a nulle envie de se reproduire et, contrairement aux idées reçues, elle n'a pas besoin d'avoir été au moins une fois en relation avec un mâle pour être équilibrée. Il faut savoir que la contraception par piqûres ou par comprimés n'est pas la solution optimale, mais est une bonne approche. Le traitement va supprimer les chaleurs mais n'aura aucun effet sur les autres problèmes hormonaux, dus à la présence des ovaires, et qui peuvent entraîner parfois des maladies. Pour moi le problème est surtout de ne pas faire l'apprenti éleveur. À titre personnel je pratique la contraception réversible avec mes chiens et une veille attentive lors des moments du printemps et l'automne, je décris là mes pratiques qui resteront toujours discutables. Pour votre tranquillité la castration et la stérilisation sont à mon sens le plus judicieux. Un chien non castré devient fugueur en période de chaleurs et souvent surexcité. En présence d'une femelle en chaleur, il écoutera son instinct sexuel. Il faut donc en être averti. Pour la femelle en période de menstruation elle devient plus agressive, et souvent devient aussi fugueuse, c'est une caractéristique des femelles bergers belges d'être très accueillantes envers les mâles de la même race.

<u>« Comment se passe la vieillesse chez le berger belge ? »</u>
Comme pour tous les chiens. Le berger belge vit entre 12 et 14 ans, en moyenne. L'allongement du temps de repos et de sommeil, sera un indicateur du début de vieillesse. Lentement l'animal peut venir à souffrir dans sa locomotion, à s'essouffler, à mal entendre ou à mal voir, cette inévitable dégénérescence entraîne et accompagne progressivement des troubles de l'humeur et du comportement. Il faut donc être plus attentif et plus soigner votre chien. Les signes du 3e âge se voient donc sur le plan physique, psychologique et comportemental. Il vaut mieux s'abstenir d'amener « dans les pattes » d'un berger belge un chiot turbulent. Mais, et c'est mon expérience, si l'on introduit un jeune animal d'une race identique ou proche, dans le groupe familial <u>en tout début de phase senior</u> quand le chien est encore bien actif, alors c'est bénéfique pour les deux. Les mauvaises habitudes et les bonnes habitudes seront transmises. Stimulés, mes chiens seniors ont toujours retrouvé une seconde jeunesse.

14 - RÈGLES D'ÉDUCATION

Il ne faut jamais toucher un berger belge pour le contraindre. J'entends par toucher, vouloir imposer à un chien une position. Nous n'utiliserons jamais de collier électronique ni de collier étrangleur. Vous ne corrigez pas un chien, c'est juste malsain et violent, vous devez dire « Non » fermement. Dès l'apprentissage je conseille d'utiliser un harnais de type professionnel. Tout simplement c'est plus aisé pour le chien et moins dangereux pour son cou. Il ne faut jamais crier. Le chien perçoit les ultrasons, donc il vous entend même si vous parlez à voix basse. Surtout la modulation de voix sera votre outil pédagogique. Vous devez vous forcer à parler normalement à votre berger belge. Dans les cas d'extrême urgence seulement vous pourrez utiliser un ordre crié et ce sera l'objet d'une éducation ciblée. Si vous gâchez toutes vos munitions maintenant vous serez désarmés en cas de besoin extrême. Alors je vous conseille de parler bas, de répéter en montant un peu le ton et pas plus. Évidemment le chien peut très bien ne pas obéir, voir se rebeller, mais nous avons d'autres tactiques. Si vous associez la voix, avec un geste et un son, vous aurez « TOUT BON » et apprenez à faire la tête et à détourner le regard si votre berger belge n'écoute pas. Je ne t'aime plus et je ne m'occupe plus de toi, il a horreur de cette stratégie. Même un malinois avec un brevet de défense et qui a de multiples interventions à son actif. Je vous l'affirme. Rappelez-vous que je sanctionne sur l'action par un comportement proportionné (voix, geste, et je boude) puis je lève la punition après deux minutes.

Certains se disent que ce n'est pas possible, qu'il faut crier, punir, enfermer, mettre des sacrées raclées... ne les écoutez pas... ils n'ont jamais eu à intervenir avec un malinois en zone de haut risque... ils sont juste ignorants et irresponsables. Et c'est malheureux car leur chien n'interviendra jamais selon son instinct car il sera dépendant et parfois même il aura peur de son maître : c'est la pire des situations. Le chiot et le chien sont deux réalités différentes, et nous devons parler d'apprentissage pour le chiot et d'éducation pour le chien. Bannissez le mot dressage. Vous a-t-on dressés quand vous étiez enfants ? Pendant le jeune âge, la psychologie du chiot est complètement différente. Le chiot réagit à des stimulations de façon différente du chien. Il faut souligner que la construction mentale d'un jeune chiot est comme une éponge prête à absorber des millions d'informations. Un chiot ne doit pas travailler plus d'une demi-heure d'affilée jusqu'à six mois, ensuite la charge augmente. Il faut commencer l'éducation du chiot tôt. Mais respectez cette règle, il faut travailler souvent mais pas longtemps. Surtout le travail pour le chiot est basé sur le jeu et le plaisir. Aussi et mon dernier conseil, vous pouvez faire comme les professionnels et apprendre à moduler votre ton de voix, je me répète vous devez apprendre à utiliser une voix normale pour tous les ordres quotidiens et monter la voix pour les ordres plus complexes, et les enchaînements. La première règle est de récompenser un comportement attendu, et de faire comme si de rien n'était avec un comportement inadapté. La deuxième règle qu'il faut faire apprendre, faire répéter, puis faire associer le comportement attendu. La règle essentielle, c'est que l'apprentissage se fait toujours en utilisant le jeu et la friandise.

En conclusion, l'apprentissage se fait un utilisant systématiquement le jeu, l'association se fait par la répétition des apprentissages, l'intégration des enchaînements de comportements vient par la routine de l'entraînement. Mais surtout, la félicitation doit être le partage de la joie du maître et du chien.

15 - ÉDUCATION DU BERGER BELGE

Marche aux pieds avec la laisse
Quand un chien tire sur sa laisse, il se met aux avant-postes pour renifler un emplacement particulièrement apprécié, rejoindre un camarade de jeu, faire en fait quelque chose à sa convenance. Le maître doit refuser. Sinon tirer sur la laisse est récompensé par la réalisation de l'objectif. Votre rôle sera de ne pas céder, au contraire, soyez fermes pour que votre compagnon marche au pied avec la laisse. Il faut vous arrêter si le chien tire sur la laisse, puis attendre un peu et donner l'ordre « <u>non</u> ». Il n'est pas souhaitable de bloquer le chien avec sa jambe pour l'obliger à être à bonne hauteur. Chez le berger belge, il est plus judicieux de changer de direction dès que vous sentez qu'il tire, de stopper et de dire « <u>non</u> ».

Assis, couché, debout
Une friandise aide à apprendre à s'asseoir, à se coucher et à se mettre debout.
Au début, vous dites l'ordre quand le berger belge entame la position souhaitée puis vous faites un geste adéquat par exemple main vers le haut pour le debout, vers le bas pour le coucher et horizontale pour l'ordre assis, enfin vous associez un son au clicker par exemple, un coup pour l'ordre assis, deux coups pour le coucher, un seul coup très long pour le debout. Vous terminez chaque exercice avec un signal de fin de cours (par

exemple : va jouer). Et n'oubliez jamais la friandise (en fin d'exercice pour le chiot, en fin de séance pour le chien). Par contre la caresse c'est toujours, dès que c'est bien exécuté.

Prenez une friandise dans la main et tenez-la de manière à ce que le chien puisse la sentir et la lécher, mais pas la manger. Vous allez doucement déplacer la friandise de son museau vers le dessus de sa tête. Le chien va alors commencer à s'asseoir pour être plus à l'aise et suivre la friandise des yeux. Maintenant vous enchaînez l'ordre, le geste et le son. Dès que l'arrière-train touche le sol, donnez la friandise. Je déconseille, mais c'est possible d'apprendre d'abord avec l'ordre, puis avec l'ordre et le geste, puis avec l'ordre, le geste et le son. C'est moins bien pour le conditionnement.
Avec un berger belge, il est impératif de travailler avec les trois systèmes de reconnaissance. Avec trois signaux différents vous éviterez la confusion, ce qui est essentiel pour un « stop » ou un « au pied ».

Il ne faut pas travailler à partir de la position assise, c'est une hérésie qui gênera le conditionnement. Vous devez partir de l'ordre chien debout. Vous déplacez une friandise en partant devant le museau du chien et en allant vers le sol. Le chien suivra votre mouvement. Vous devez uniquement lui donner la friandise quand il est couché. Vous pouvez placer une friandise sous une chaise ou une table suffisamment basse pour que le chien se couche pour manger la friandise.
Souvenez-vous au début il ne faut pas donner l'ordre tant que le chien s'apprête à prendre la position souhaitée.

<u>Travailler l'ordre « debout » :</u>

le chien est au coucher, vous tenez une friandise devant le museau et vous éloignez lentement votre main en suivant une ligne parallèle au sol et dès que le chien lève les pattes arrière pour se mettre debout, à ce moment-là vous offrez la friandise.

<u>Travailler l'ordre « Pas bougé » :</u>

Mettez le chien à l'ordre « assis », tenez une friandise en mains, attendez dès que le chien commence à bouger donnez l'ordre « pas bougé » et offrez la friandise.

Au fil du temps, votre chien gagnera en assurance et respectera de plus en plus longtemps la position « pas bouger ». Vous devrez alors faire l'exercice en vous éloignant progressivement de votre berger belge.

Commencez par vous éloigner d'un mètre, puis vous donnez l'ordre et vous récompenser.

Avant d'augmenter la distance il faut vous assurer que le chien ne bouge pas sur l'exercice.

Ensuite il faudra vous cacher et laisser le chien sur place avec l'ordre « pas bougé ».

Il ne faut pas chercher l'échec, il faut patiemment ancrer les distances pour en faire accepter de nouvelles.

<u>Le travail à distance sur les positions de base :</u>

Le chien doit apprendre que l'ordre ne signifie pas qu'il doit prendre la position demandée en étant près de vous, mais il doit prendre la position là où il se trouve et au moment où vous la lui demandez. L'importance de la coordination du mot, du geste et d'un son, devient essentielle.

Attachez votre chien à un arbre et éloignez-vous de 2 m et vous donnez l'ordre « Assis ». Rejoignez le chien et récompensez-le. Au futur et à mesure vous augmenterez progressivement la distance vous séparant du chien. Si besoin vous repartez de la distance précédente. Avant d'augmenter la distance il faut vous assurer que le chien ne bouge pas sur l'exercice. Il ne faut pas chercher l'échec, il faut patiemment ancrer les distances pour en faire accepter de nouvelles. Maintenant vous recommencez le travail avec le chien sans laisse (attention il faut être en endroit clos).

Dans le travail à distance sur les positions de base, nous incluons l'arrêt sur l'ordre « stop ». Vous marchez, et vous donnez à votre berger belge l'ordre « assis » suivi de l'ordre « pas bougé », et vous faites deux pas puis vous donnez l'ordre « au pied ». Au futur et à mesure vous augmenterez progressivement la distance. Dans un deuxième exercice, vous demanderez à votre chien de rester « debout » et vous continuerez à marcher en rajoutant l'ordre « pas bouger ». N'oubliez jamais de féliciter et de récompenser. Au fur et à mesure des exercices il n'y aura que la félicitation, la récompense sera donnée en fin de séance.

Au pied : L'ordre « au pied » est essentiel, il a déjà été travaillé juste avant mais nous allons l'ancrer. Dans de nombreuses situations lorsque vous vous promenez, il s'agira de rappeler le chien mais aussi de l'habituer à marcher au pied près de vous. Vous devez apprendre à votre chien la marche côté droit. En ville, le chien doit marcher côté intérieur (boutiques).

Pour la marche au pied sans laisse. Vous débutez avec une marche aux pieds avec la laisse et vous décrochez la laisse en laissant une main sur le dos du chien. Offrez la friandise. Maintenant vous donnez l'ordre « marche au pied », le chien suit à vos pieds. Vous donnez la friandise tous les dix mètres, puis vous espacez les friandises. Vous devrez augmenter progressivement la durée pendant laquelle le chien marche à vos côtés sans laisse pour que le chien reste concentré donnez l'ordre « au pied » régulièrement.

Faites preuve de patience, il faut absolument obtenir la

collaboration de l'animal. Si vous réalisez cet exercice avec la laisse il y a de fortes chances pour que vous ne puissiez jamais le réaliser le chien en liberté sans laisse.

L'ordre « au pied », doit se travailler lors de toutes les sorties. Dès le départ de votre balade, lorsque vous décidez d'enlever la laisse, vous demanderez plusieurs fois l'ordre « au pied ». La récompense sera de pouvoir laisser le chien se balader un moment librement. Bien entendu, le chien doit rester sous votre contrôle notamment s'il y a un manque de visibilité, s'il y a le moindre risque et si vous croisez d'autres promeneurs avec ou sans chien. La règle est de mettre votre chien au pied puis en laisse dès que vous croisez d'autres personnes avec ou sans chien. Si le chien déroge à la règle de rappel au pied il doit être immédiatement mis en laisse pour une période d'au moins de 10 minutes. Au bout de cette période vous refaites un test, si le chien déroge à la règle du rappel au pied, le reste de la balade se fera en laisse.

L'ordre non :

« Non » est un ordre signifiant « tu peux abandonner tout de suite, je te l'interdis ». Une éducation digne de ce nom et qui vise à avoir un chien facile à vivre suppose que vous consacriez du temps à cet ordre. Bien entendu, vous pouvez choisir un autre mot que « non », l'important sera d'y associer un geste et un signal sonore. Pour le geste et le signal sonore il vous faut faire très attention à éviter toute confusion involontaire avec un autre ordre.

Pour le premier exercice munissez-vous d'une récompense, tenez votre chien en laisse, placer la récompense de manière à ce que l'animal puisse la voir et la sentir, mais pas l'atteindre. Au moment où le chien tire sur la laisse pour tenter d'attraper la récompense, vous donnez l'ordre « non », une seule fois. Ensuite, vous restez silencieux. À cet instant le chien va-t-il essayer, de désobéir ? Vous devez alors absolument rester sur place et ne pas cédez il faut rester silencieux et détourner le regard. Le chien va avoir l'envie de désobéir. La tentation augmentera et l'exercice sera intéressant. Vous devez répéter l'ordre « non » au bout d'une minute. Puis vous augmenterez le temps.

Pendant vos promenades, vous devez régulièrement en fonction de l'attitude du chien vérifier la compréhension de l'ordre « non » Lors de son éducation, l'ordre « non » indique au chien l'interdiction. Il y a des interdictions directes et des interdictions qui doivent être intégrées par le chien même sans votre présence, notamment le refus d'appât, et ne pas se jeter sur le grillage quand il y a un passant, c'est très aisé à apprendre à un berger belge. Sur le chemin de la promenade, vous placez avant la balade de la nourriture sous une pierre ou un morceau de bois de façon à ce qu'elle soit à portée de l'animal, le chien découvrira la nourriture cachée. À cet instant vous utiliserez l'ordre « non ». Au plus vous entraînerez le chien au mieux il réagira au signal de l'ordre « non ». Soyez néanmoins attentifs : de ne pas utiliser le signal s'il est déjà trop tard et que le chien a touché à la nourriture, dans ce cas réprimandé par la voix de façon ferme et nette « non », mettez-le en laisse et ne parlez plus au chien pendant dix minutes.

L'ordre donne :

Apprendre à un berger belge à donner un objet sur votre ordre s'avérera utile et indispensable en cas d'urgence. Des exercices basés sur l'échange constituent le fondement de cet exercice, évitant ainsi tout esprit d'obligations. Pour le réaliser, vous avez besoin d'haltères en bois, d'une part parce que c'est l'objet utilisé en sport canin d'autre part par ce que le chien ne peut pas avaler ce type d'objets. Au départ de l'apprentissage vous utiliserez une balle ajourée dans laquelle vous glisserez une friandise. Vous lancez la balle. Vous donnez l'ordre : « va chercher ». Le chien ne peut pas prendre la friandise, il vous ramène la balle. Vous donnez l'ordre : « donne » et vous lui offrez la friandise. Le plus important sera de ne pas brûler les étapes, de faire l'exercice une ou deux fois.

Un chien sur ordre qui fait demi-tour sans hésitation alors qu'il est fortement distrait par l'environnement et qui revient rapidement vers son maître a un excellent rappel. C'est seulement dans ces conditions que vous pourrez lâcher votre chien. Le principe fondamental du rappel est de ne rappeler le chien que si vous êtes sûr qu'il viendra. Pour obtenir ce résultat avec un berger belge, il faut commencer par apprendre l'ordre « au pied » et le chien à moins de 2 m de vous vous donnez l'ordre « au pied ». Le rappel ne doit laisser aucune place à une prise de décision du chien, il doit induire uniquement une réaction immédiate. Il ne faut pas vous attarder sur le fait de savoir si votre chien va obéir. Vous devez répéter chaque jour, et savoir que ce n'est jamais acquis. Lors des ballades, vous devez tester votre chien. C'est négatif vous mettez le chien laisse. Un berger belge respectera vite le code : la liberté est en échange du rappel immédiat.

Le secret du rappel est d'être de travailler quotidiennement et d'avoir trois signaux à sa disposition (par exemple un coup de sifflet, et la main à la verticale en plus de l'ordre au pied). Votre chien devra savoir clairement ce que signifie l'ordre « au pied ».

L'ordre « Stop », et l'ordre « au pied » doivent être travaillés séparément. L'ordre au pied concerne le rappel. L'ordre stop est une demande d'arrêt immédiat en cas d'urgence avec l'arrêt du chien à l'endroit où il se trouve. L'ordre « stop » doit être travaillé après la maîtrise de l'ordre « au pied ». Lors d'une promenade, vous changez de direction et vous observez votre chien du coin de l'œil et vous donnez l'ordre « stop ».

Le rappel et le stop doivent être travaillés à chaque sortie et plusieurs fois lors de la sortie, mais à tour de rôle. Il ne faut pas enchaîner les ordres mais au contraire les intégrés au quotidien du chien. Au fur et à mesure vous vous apercevrez que le chien revient comme un éclair, il est entré dans le jeu, à ce moment-là il faudra fortement le récompenser, car vous avez gagné et le lien de confiance est total.

Le risque zéro n'existe pas, il y aura toujours quelques désobéissances, même pour un chien comme le vôtre qui est au TOP. Lorsque des chiens se rencontrent, le meilleur moyen de désamorcer une situation tendue consiste à poursuivre sa route rapidement et de manière décontractée. Si vous restez sur place, vous favorisez le début d'une dispute toujours possible. Si les chiens en arrivent à cette extrémité, les deux propriétaires doivent s'éloigner l'un de l'autre dans des directions opposées ; il s'agit de la méthode la plus facile pour mettre un terme à l'agressivité. Cette option n'est possible que lorsque les deux propriétaires sont conscients de l'obéissance de leurs animaux.

Une règle absolue et qu'un chien qui en provoque un autre est immédiatement stoppé par son maître qui s'excuse d'un ton amical et courtois.

16 - L'ÉDUCATION A LA GARDE

Ce guide présentant le berger belge, il m'a semblé normal de présenter les rudiments du travail à la garde, car le berger belge est certainement le gardien le plus dissuasif, par sa capacité à prévenir, sa rapidité d'action, son intelligence et sa tenue au mordant. Évidemment sans entraînement le berger belge est bon de garde, mais il ne garde pas, et c'est une vraie différence.

Le chien de garde a acquis des réflexes. S'il est seul il agira selon sa conscience et son conditionnement, et un inconnu sera obligatoirement un malveillant, et le chien agira car il a été éduqué pour cela. Alors soyez vigilant. Je peux vous assurer que même averti, je veille, car j'ai vu des bergers belges en action et ce n'est pas impressionnant mais diabolique, et vous devrez travailler pour maîtriser votre chien aux ordres.

Dehors un chien de garde doit pouvoir vous alerter. Après l'alerte il attendra votre décision, si vous n'êtes pas là, il interviendra de lui-même, en fonction des circonstances il se référera à son instruction.

Un panneau qui prévient qu'un chien monte la garde ne dispense pas d'être prudent, mais est obligatoire. Vous devez en avoir un panneau par issue.

Personnellement mes chiens sont dedans si je sors et dehors si je suis présent. Quand ils sont dehors ils préviennent et ils m'attendent.

La prévention est la base de la garde, le chien doit toujours prévenir et n'intervenir qu'en cas de danger avéré.

Il y a trois degrés d'alerte : l'aboiement, le grognement, et l'attaque (ou défense). Le danger écarté votre chien doit revenir immédiatement en position de vigilance.

En général la position de grognement dissuade l'éventuel agresseur. Si malgré tout l'agresseur poursuit, le chien aura un mordant très fort, et ne relâchera que sur ordre, cette action se nomme l'immobilisation.

Le mordant a des règles précises. Le chien est entraîné à mordre et surtout à tenir son mordant. Il a été entraîné pour cela. C'est pour cette raison, qu'il ne devra jamais répondre à une simple provocation.

Un chien parfaitement éduqué saura doser sa réponse à un danger : il préviendra, analysera la nature de l'agression et interviendra juste de raison.

Vous devez entraîner le chien à attaquer sur ordre, mais aussi à avoir son propre jugement, et il faudra lui faire confiance, car il aura appris.

Pendant toute la phase d'éducation vous devez surveiller le chien, car c'est un apprenti.

Vous ne devez pas commencer la phase de travail au mordant avant l'obtention du Test d'Aptitudes au Travail.

Si le rappel n'est pas intégralement maîtrisé, ou si le stop n'est pas parfaitement acquis, ne commencez pas la phase d'éducation à la garde.

Vous devez enseigner au plus tôt la phase de refus d'appât à votre chien. Un chien mange un repas équilibré à heure fixe, en toute tranquillité pendant vingt minutes. Il n'accepte rien d'autre, sauf vos friandises en éducation. Évidemment il a de l'eau propre en permanence.

Vous devez passer à l'enseignement de la phase reconnaissance des aliments dès l'âge de six mois. Le chien ne prend que ce qu'il reconnaît, et seulement la nourriture présentée par son maître. Ainsi vous diminuerez le risque de voir votre chien toucher à des aliments empoisonnés.

Le chien doit être sociable, c'est primordial, essentiel, c'est la base de tout. Nous allons tordre le cou à une idée reçue. Si vous interdisez à vos proches, à vos amis, à des tiers de caresser le chien, vous faites une grosse connerie, le chien de garde ne fonctionne pas ainsi. C'est exactement l'inverse. Il analyse le danger, donc s'il n'y en a pas, il est un gentil toutou qui se laisse caresser, communique, et interagit avec les autres.

Vous devez habituer le chien par contre à ne pas manger ce qui lui est offert par une autre main que la vôtre. Si vous devez un jour confier le chien, il faudra l'habituer à la personne qui le nourrira et ce quelques jours avants. N'oubliez pas que ce sera sa gamelle et sa nourriture habituelle. J'ai personnellement deux amis de confiance, qui sont habitués à garder mes chiens.

Je vous invite aussi à ne jamais attacher votre chien de garde chez vous, surtout lorsque vous êtes avec des amis, même si vous faites une fiesta. L'attache est une position de soumission et d'excitation, votre chien va mal la vivre. Il faut préférer habituer votre chien à respecter des codes dans toutes les situations. Mes chiens ont été habitués à prendre leurs distances, et se mettront naturellement en recul du bruit, et des sollicitations. Ils n'approcheront pas et resteront calmes et vigilants.

Vous devez veiller à ce que le collier du chien de garde ne soit pas un danger pour le chien, car il peut s'accrocher et pendre le chien ou servir à un intrus à attraper le chien en général avec une gaffe à crocheter. Je laisse mes chiens sans collier quand ils sont chez moi. Vous devez habituer votre chien bien avant l'éducation à la garde à tous les bruits et il ne devra pas avoir peur. Pour y arriver il faut utiliser l'immersion progressive. Coup de feu, cri, feux d'artifice, avion qui passe le mur du son, tambours, trompette mes chiens restent sereins. J'appelle cela la méthode du calme olympien.

Nous allons tordre le cou à une autre idée reçue : si le chien voit quelqu'un chez moi comme ami et si cette personne vient à l'improviste, le chien n'interviendra pas ? C'est absolument faux. Le chien a appris à mesurer le danger. Il n'y a que vous qu'il ne testera plus après son adolescence. Votre ami ou pas, le chien entamera les phases de précautions : l'aboiement, le grognement, puis la position d'attaque.

Puisque nous y sommes, nous allons tordre le cou à une énième idée reçu, qui consiste à tester un chien in situ par un quidam. Êtes-vous fous ? En voulez-vous à quelqu'un à ce point pour le mettre en danger ? Seul un éducateur au mordant dûment habilité peut tester un chien ! L'éducateur avec qui vous travaillez doit vous le proposer. Les vêtements de travail au mordant en France ne sont vendus qu'à des personnes licenciées au mordant. Je comprends la réaction de lecteurs qui aimeraient entraîner leur chien au mordant, c'est trop dangereux je vous l'assure. Un chien ne doit jamais mordre son maître, jamais.

Voici les codes à respecter :

Le chien intervient, vous êtes là : vous donnez l'ordre « stop » et le chien se mettra en position de vigilance. Ensuite vous exigez de l'agresseur de s'allonger au sol, puis vous prévenez les autorités.

Le chien intervient, vous n'êtes pas là : alors vous avez pris la précaution d'avoir un voisin vigilant qui va prévenir les autorités et vous prévenir ? Votre voisin ne doit surtout pas s'approcher du chien. Il prévient par téléphone.

Dans tous les cas je vous conseille, d'avoir les papiers du chien, son carnet de vaccination, son Lof s'il en a un, et votre licence CBU si vous êtes en club, ce sera plus simple.

Prenez tout de suite les témoignages des gens qui connaissent votre chien et peuvent témoigner qu'il est bien éduqué.

Un chien de garde éduqué vous fera prendre moins de risque qu'un chien non éduqué qui sera surpris chez lui. Ce dernier aura une poussée d'agressivité. Ce sera bien pire que l'intervention d'un chien équilibré, qui est éduqué à intervenir et qui est psychologiquement sûr de lui.

Nous terminerons avec le risque de bavure, de la grosse bêtise, du coup de sirocco pour une femelle en chasse. Le chien n'est pas un robot, mais un être sensible. Il n'est pas possible de tout prévoir, d'avoir tout anticipé. Et si le chien fait une grosse boulette, alors il faudra que vous assumiez.

Un chien éduqué, avec une évaluation parfaite de son comportement par son éducateur, est un chien qui saura évaluer une situation. Un chien, pas éduqué, ou pire éduqué avec violence, sera un danger.

Il était indispensable de parler des préliminaires avant d'aborder l'éducation à la garde et à la défense.

Votre chien doit d'abord être sociable, être psychologiquement stable, et avoir une éducation de base parfaite avant d'envisager d'en faire un chien de garde.

Il maîtrise les positions de fixation : assis, couché, debout et pas bouger. Il marche en laisse sans tirer, et fait les quarts de tour et demi-tour sur ordre. Il marche sans laisse en enchaînant les positons fixation et l'ordre pas bouger. Il maîtrise les positions de fixation associez à l'ordre pas bouger. Le stop et le rappel sont immédiats sur votre ordre. Votre chien a réussi son CSAU et son TAN. C'est une garantie sérieuse d'équilibre psychologique du berger belge. Pour le malinois le TAN peut-être avec mordant.

Un Berger Belge en garde, est un des meilleurs chiens

pour cette mission. Vous travaillerez avec un maître-chien professionnel pour le mordant, c'est pour votre sécurité ou celle de l'ami ou des amis que vous envisagiez comme cobayes. Apprendre à son chien à monter la garde ou à défendre signifie avant tout d'apprendre au chien à faire la différence entre une situation à risque ou une situation normale, mais pour cela il va falloir vivre les situations et que le chien acquiert des procédures qui deviendront des routines.

La patience est de rigueur. Votre chien ne naît pas chien de garde et de défense, il en a juste le potentiel mais pas les conditionnements

Je vois des personnes qui apprennent directement à mordre à leur chien. C'est dangereux. Le chien doit d'abord apprendre à surveiller et à alerter.

Pour apprendre à donner l'alerte, votre chien doit d'abord bien connaître les situations où il n'y a pas lieu de donner l'alerte.

Commençons par l'éducation de base chez vous :

Vous êtes seuls à savoir qui laisser entrer chez vous.

Lorsque quelqu'un sonne donnez l'ordre « non du chien à ta place ». Le chien s'exécute, n'oubliez pas la récompense et la caresse. Vous répéterez autant que nécessaire.

Maintenant vous autorisez la personne à entrer. Faite signe à votre chien de s'approcher de la porte et vérifier qu'il reste neutre, ni bon ni mauvais. Donnez l'ordre « c'est bon », le chien repart à son panier. N'oubliez pas la récompense et la caresse. Vous répéterez autant que nécessaire. Cette phase est très importante, le chien doit venir et repartir. C'est une routine. S'il n'y a pas l'ordre « c'est bon », le chien doit rester en position de vigilance près de vous.

Maintenant dans le jardin ou dans la cour : une personne approche du grillage, de lui-même le chien alerte, puis vous sortez et vous donnez l'ordre « laisse ».

N'oubliez pas la récompense et la caresse. Le chien ne doit pas se jeter sur grillage sinon ce sera l'ordre « non ». Dans la mesure où un berger belge est très réactif, vous pouvez allier l'ordre « au pied ». C'est uniquement si votre berger belge a du caractère et fixe l'intrus potentiel. Vous demandez au chien de reculer et de se tenir à un mètre du grillage. Vous répéterez autant que nécessaire. Cette procédure ne doit être apprise que si un individu s'arrête devant le grillage, cela évitera les aboiements sur les passants qui seront réprimés par l'ordre « non ».

Le chien ne va pas rester au coin car il y a quelqu'un chez vous. Vous devez le laisser vivre sa vie, surtout si la personne invitée reste un moment chez vous. Demandez juste aux gens que vous accueillez de ne pas s'occuper du chien. Si le chien vient près de des personnes invitées donnez l'ordre « tu laisses ». N'oubliez pas la récompense et la caresse. Vous répéterez autant que nécessaire.

Ces procédures ne concernent que les invités pas la famille. La famille doit être immergée avec le chien : ballade, jeu, travail du chien, et accompagnement du chien.

Tordons l'idée reçue à l'éducation du chien qui ne doit laisser sortir personne de chez vous. C'est inadmissible. Le chien de garde est éduqué à l'analyse de situation : donc sauf s'il y a un danger sinon il n'intervient jamais. Les dangers c'est vous qui les lui apprendrez.

Tordons le cou à une autre idée reçue celle qui prétend qu'il n'est pas forcément indispensable de dresser un chien à la garde pour qu'il comprenne qu'il doit garder la maison lorsqu'il est seul. Certes le chien aboiera, mais il sera en panique s'il doit intervenir. Et c'est très dangereux, car le chien ne sait pas mordre et donc ce sera de la charpie si le chien fait face. Et un berger belge fera face.

La plupart du temps, s'il n'a pas appris à monter la garde, un chien préférera toujours s'éloigner du danger sauf certaines races comme les bergers belges entre-autres.

Maintenant votre chien connaît les procédures et sait ce qu'il doit faire si des amis arrivent chez vous ou si un individu stoppe devant le grillage du jardin. C'est parfait.

Pour le grognement, le chien grognera et montrera en même temps les crocs. Cela s'acquiert au travail du mordant, en le félicitant dès qu'il va au contact et stoppant le contact avant la prise. Vous associerez l'ordre « grogne ». Une fois chez-vous il faudra travailler avec le chien. Demandez-lui « grogne » mais il faut qu'il y ait une raison. À vous de la trouver.

La position d'attaque et l'attaque sont apprises lors de l'éducation au « mordant » avec un éducateur licencié (désolé). L'important ne sera pas que le chien réagisse sur un homme caparaçonné, mais qu'il cesse immédiatement dès que l'ordre sera lancé. L'éducation à la garde est un ensemble complet d'associations de comportements, ce n'est certainement pas que du mordant.

En conclusion, un chien de garde n'est pas un chien qui aboie dès qu'il voit un passant, un vélo ou un autre animal passer devant chez vous. Ce n'est pas non plus un chien qui ne fait aucune différence entre le facteur, les amis, les voisins ou un rôdeur.

Lorsque l'on a un chien de garde, on doit toujours être en mesure de prévoir sa réaction face à une personne malveillante. Les chiens qui aboient face aux gens qui passent ne font que répondre à un instinct, sans avoir appris comment réagir. Un chien qui monte la garde est un chien qui a appris son travail. Un chien de garde a appris à faire la différence entre les personnes indésirables et celles qui sont invitées. Il veille, il surveille, il alerte. Ce n'est pas un chien agressif et il n'attaquera jamais sans en avoir reçu l'ordre de son maître ou d'être dans une situation qui lui impose d'agir.

17 - UN ÉLEVEUR SÉRIEUX

L'éleveur doit être agréé par le club français du chien de berger belge, et vous proposer des reproductrices et des reproducteurs de hautes lignées qui auront été testés et auront participé à des concours de nationale d'élevage avec une notation « excellent ».

Avant la première maternité, l'éleveur doit avoir fait radiographier les hanches des reproducteurs et fait coter les clichés par la commission du club de race, qui délivrera à l'éleveur le certificat officiel de cotation. Un test ADN des reproducteurs aura été réalisé, avec une vérification de paternité mais aussi une recherche des tares oculaires sur les reproducteurs. Demandez à l'éleveur d'accepter de vous laisser avec le chiot qui vous intéresse et faite le test de Campbell.

L'âge idéal pour l'achat d'un chiot se situe entre 8 et 9 semaines. Il doit avoir sa puce, et son tatouage si possible. Il aura reçu une primo-vaccination pour les 3 maladies garanties par la loi : Maladie de Carré, Parvovirose et Hépatite.

L'éleveur doit vous remettre

- une attestation de vente,
- un carnet de vaccination avec les timbres des premières injections et les dates des premières vermifugeassions,
- un certificat de naissance,
- un dossier d'identification,
- un Lof ou un pré Lof

- les copies des certificats de dépistages et des tests sur les géniteurs
- et s'il est vraiment professionnel, il vous remettra un sachet des croquettes utilisées par l'élevage pour éviter un changement brutal de nourriture.
- et il vous donnera les premiers conseils de base,

N'oubliez pas de faire vacciner votre chiot à partir de 4 mois avec un rappel chaque année.

18 - LES MÉTIERS LIES AUX BERGERS BELGES

Et pourquoi ne partageriez-vous pas votre métier avec votre berger belge ? Un livre sur le berger belge doit, à mon sens, aborder ce thème.

Le chien le plus choisi par les professionnels est le berger belge, et je l'avoue principalement le malinois. Dans le secteur public : la police, la gendarmerie, l'armée et les douanes sont les plus grands utilisateurs. Dans le secteur privé, les sociétés de gardiennage et les vigiles privés sont majoritairement avec des bergers belges. Pour devenir un agent cynophile de sécurité il vous faudra passer un certificat professionnel qui est du niveau CAP.

Dans la police, il n'existe pas de concours spécifique pour devenir cynotechnicien c'est dans les demandes d'affectation que l'on doit exprimer le souhait de travailler dans une brigade canine. La formation des policiers sélectionnés se déroule sur trois mois au (Centre national de formation des unités cynotechniques) en région parisienne, à Cannes-Ecluse en Seine-et-Marne. Créé en 1965, cette école n'a cessé d'adapter son enseignement aux nouvelles formes de la délinquance. Le CNFUC forme les chiens-policiers et les cynotechniciens de la police nationale qui travaillent dans les directions dotées d'unités canines (DSCP, DSPAP, DCPAF, DCCRS, DCPJ, DGSI, RAID, DRCPN). Les futurs chiens policiers eux sont présélectionnés chez les éleveurs, la SPA ou chez les particuliers, mais ils doivent être LOF. Les recruteurs du CNFUC se déplacent pour sélectionner des chiens. Les chiens sont testés, puis sélectionnés et chaque année, quelque 120 chiens sont éduqués au CNFUC. si vous êtes particulier ou éleveur, un contrat de rétrocession vous sera proposé, conditionnant le paiement lorsque l'aptitude définitive est évaluée positivement, après une période de 40 jours.

Dans la gendarmerie, les maîtres de chiens sont recrutés parmi les sous-officiers de carrière volontaires, possédant une bonne expérience professionnelle et ayant manifesté une réelle motivation pour la conduite d'un chien. La Gendarmerie Nationale dispose du centre national d'instruction cynophile de la gendarmerie (Lot).

Dans les douanes, les candidats désireux d'exercer des fonctions cynophiles doivent préalablement réussir un concours de contrôleur des douanes ou d'agent de constatation des douanes.

Dans l'armée le soldat volontaire pour devenir maître-chien, suivra une formation de spécialiste dans l'infanterie, d'une durée de 4 semaines dans un régiment d'infanterie puis il sera envoyé en stage au peloton de soutien de SISSONNE pour y effectuer son module cynotechnique d'une durée de 5 semaines. Ce stage permet d'obtenir un certificat professionnel "conducteur de chien", premier examen pour la mise en œuvre d'un chien militaire. La formation se poursuivra au 132ème bataillon cynophile de l'armée de Terre à SUIPPES.

En sécurité privée, pour devenir agent cynophile, il faudra suivre une formation de 9 mois et il faut impérativement avoir un casier judiciaire vierge, ensuite il faudra réussir le certificat pratique d'agent cynophile de sécurité

L'activité de maître-chien d'avalanches n'est pas une profession à part entière, mais une spécialité exercée par des professionnels de la montagne résidant et travaillant en secteur montagne, pour être à proximité des lieux où ils pourraient intervenir, tels les sauveteurs secouristes des CRS (Compagnies Républicaines de Sécurité) et du PGHM (Peloton de Gendarmerie de Haute Montagne), les sapeurs pompiers, les pisteurs-secouristes, les personnels des remontées mécaniques ou des communes de montagne, les gardiens de refuge (particulièrement dans le département des Alpes-Maritimes), beaucoup plus rarement les moniteurs de ski, des départements alpins et pyrénéens essentiellement. Le brevet national de maître-chien d'avalanche est obligatoire.

Le maître-chien de recherches en décombres (ou chien de catastrophes) peut exercer ses activités dans le cadre du bénévolat ou dans un cadre professionnel. Dans un cadre non professionnel, il existe deux possibilités de devenir maître-chien de décombres. Vous pouvez, soit intégrer une ONG, soit vous engager comme sapeur-pompier volontaire et demander ensuite à votre hiérarchie une affectation dans l'équipe cynotechnique.

19- LA LÉGISLATION

LES GROUPES

La nomenclature officielle imposée par la F.C.I. (appliquée par tous ses membres dont la S.C.C.) divise la grande famille de l'espèce canine en 10 groupes dans lesquels figurent des races ayant un certain nombre de caractères distinctifs communs.

Groupe 1 : Chiens de Berger et de Bouvier (sauf Chiens de Bouvier Suisses)

Groupe 2 : Chiens de type Pinscher et Schnauzer - Molossoïdes - Chiens de Montagne et de Bouvier Suisses et Autres Races

Groupe 3 : Terriers

Groupe 4 : Teckels

Groupe 5 : Chiens de Type Spitz et de Type Primitif

Groupe 6 : Chiens Courants, Chiens de Recherche au Sang et Races Apparentées

Groupe 7 : Chiens d'Arrêt

Groupe 8 : Chiens Rapporteurs de Gibier - Chiens Leveurs de Gibier - Chiens d'Eau

Groupe 9 : Chiens d'Agrément et de Compagnie

Groupe 10 : Lévriers

LES CATÉGORIES

1re catégorie de chiens **(telle que définie à l'article 211-1 du code rural) :** es chiens assimilables par leurs caractéristiques morphologiques aux chiens de race

American Staffordshire terrier, sans être inscrits à un livre généalogique reconnu par le ministre de l'agriculture et de la pêche. Ce type de chiens peut être communément appelé « pit-bulls ». Les chiens assimilables par leurs caractéristiques morphologiques aux chiens de race Mastiff, sans être inscrits à un livre généalogique reconnu par le ministre de l'agriculture et de la pêche. Ces chiens peuvent être communément appelés « boerbulls ». - Les chiens assimilables par leurs caractéristiques morphologiques aux chiens de race Tosa, sans être inscrits à un livre généalogique reconnu par le ministre de l'agriculture et de la pêche.

2e catégorie des chiens (telle que définie à l'article 211-1 du code rural) : Les chiens de race American Staffordshire terrier avec LOF. Les chiens de race Rottweiler. avec LOF Les chiens de race Tosa avec LOF. Les chiens assimilables par leurs caractéristiques morphologiques aux chiens de race Rottweiler, sans LOF.

20 - LES EXPOSITIONS CANINES

L'exposition canine est une fête pour les propriétaires de chiens de race de bergers belges, et notamment de groenendaels et des Tervuerens qui sont les deux types de bergers belges les plus représentés en classe de standard de race. Le malinois est le plus représenté en classe travail. Les expositions canines sont des concours réservés exclusivement aux chiens de race. En attribuant des qualificatifs aux chiens jugés les plus proches du standard de leur race les expositions permettent de classer les sujets selon leurs qualités morphologiques. Les expositions contribuent ainsi à l'amélioration des races canines. Il existe des expositions régionales et nationales.

Participer à une exposition demande une préparation minutieuse du maître et du chien. Votre chien doit y être présenté en excellente santé. Pour le berger belge à poils longs, un toilettage est nécessaire. Le toilettage a pour but de valoriser le "look" de votre berger belge ! Il faut aussi apprendre à votre chien, à marcher parfaitement en laisse à plusieurs allures, a se tenir immobile et droit sur ses pattes, a ne pas réagir aux bruits et mouvements de foule, a se laisser examiner et toucher sans broncher par le juge.

Classe Ouverte Mâles - Classe Ouverte Femelles. C'est une classe de concours ouverte à tous les bergers belges ayant atteint l'âge minimum. Cet âge varie selon les races, se situant généralement à partir de 12 mois. C'est aussi la classe obligatoire pour les chiens de plus de 24 mois.

Classe travail mâles - Classe travail femelles, réservée aux bergers belges avec épreuves spéciales de travail. Pour y avoir accès, le chien doit avoir reçu une récompense dans une épreuve de travail.

Champion de Beauté Mâles - Champion de Beauté Femelles. réservé aux bergers belges qui ont obtenu les titres homologués de champions nationaux ou internationaux dans les pays membres de la Fédération Cynologique Internationale et qui ont atteint la limite d'âge de la classe ouverte

Classe Jeunes Mâles - Classe Jeunes Femelles Cette classe de concours est ouverte aux bergers belges de plus d'un an et de moins de deux ans.

Classe Débutants mâles - Classe Débutantes Femelles. Cette classe concerne les bergers belges âgés de 9 mois jusqu'à l'âge minimum exigé.

Classe vétérans – Pour les bergers belges ayant atteint l'âge minimum de 8 ans. Cette classe ne donne pas droit à l'attribution du C.A.C.S., ni du C.A.C.I.B.

Les cotations :

La note « excellent » est attribuée à un chien se rapprochant de très près du standard de sa race, présenté en parfaite condition, le chien réalise un ensemble harmonieux et équilibré. Il a de la "classe" et une allure brillante. La supériorité de ses qualités domine ses petites imperfections et il possède les caractéristiques de son sexe.

La note « très bon » est attribuée au chien parfaitement typé, équilibré dans ses proportions, en bonne condition physique. Quelques défauts "véniels" mais non morphologiques, sont tolérés. Le qualificatif ne peut récompenser qu'un chien de qualité !

La note « Bon » ce qualificatif est attribué à un chien possédant les caractéristiques de sa race mais accusant des défauts non rédhibitoires !

La note « Assez bon » le chien est "typé" mais sans qualités notoires et, ou, pas en bonne condition physique.

Sachez qu'il n'est pas décerné de qualificatif aux débutants, chiens entre 9 et 12 mois. Pour ces jeunes chiens, non adultes, le juge peut formuler une appréciation d'ensemble : très prometteur, prometteur, assez prometteur

À la fin du jugement de chaque classe (sauf pour la classe débutant) les 4 meilleurs chiens seront primés pour le 1er prix, 2ème, 3ème et 4ème prix.

Le 1er prix ne sera décerné qu'à un chien ayant obtenu, au moins, le qualificatif "très bon".

Les chiens" qualifiés "bons" ne peuvent obtenir une récompense supérieure au 2ème prix.

Les expositions canines débouchent sur l'attribution de récompenses et de titres connus dans le monde cynophile sous forme de règles.

CACS : le certificat d'aptitude de championnat est remis au meilleur mâle et à la meilleure femelle.

RCACS : la réserve du certificat d'aptitude du championnat, est remise au chien et à la chienne classés deuxième derrière le titulaire du CACS.

CACIB : le certificat d'aptitude au championnat international de beauté est remis après confrontation avec des chiens ayant obtenu le CACS et le RCACS.

RCACIB : la Réserve du certificat d'aptitude au Championnat international de Beauté

Il est remis au chien et à la chienne classés deuxième derrière le titulaire de CACB.

CHCS : est décerné au champion de France de conformité au standard

CHIB : est décerné au champion international de beauté.

21 - ADRESSES UTILES

CLUB FRANÇAIS DU CHIEN DE BERGER BELGE
190 route du Boulay 78950 GAMBAIS
mfvarlet@sfr.frhttp:
http://www.cfcbb.fr/

SOCIÉTÉ CENTRALE CANINE
155 avenue Jean Jaurès CEDEX., 93535 Aubervilliers
01 49 37 54 01
amclass@aol.com
http://www.scc.asso.fr/

Le code de la propriété intellectuelle n'autorisant, aux termes de l'article L. 122 — 5, 2 ° et 3 ° a, d'une part, que les « copies ou reproductions strictement réservées à l'usage privé du copiste et non destinées à son utilisation collective » et, d'autre part, que les analyses et les courtes citations dans un but d'exemple et d'illustration, « toute représentation ou reproduction intégrale ou partielle faite sans le consentement de l'auteur ou des ayants droit ou ayant cause est illicite » (art. L. 122-4). Cette représentation ou reproduction, par quelque procédé que ce soit, constituerait donc une contrefaçon sanctionnée par les articles L. 335-2 et suivant du Code de la propriété intellectuelle.

Le droit d'auteur français est le droit des créateurs. Le principe de la protection du droit d'auteur est posé par l'article L. 111-1 du code de la propriété intellectuelle (CPI) qui dispose que « l'auteur d'une œuvre de l'esprit jouit sur cette œuvre, du seul fait de sa création, d'un droit de propriété incorporelle exclusif et opposable à tous. Ce droit comporte des attributs d'ordre intellectuel et moral ainsi que des attributs d'ordre patrimonial ».

www.ingramcontent.com/pod-product-compliance
Lightning Source LLC
Chambersburg PA
CBHW060751260726
48660CB00002B/577